AF283663

Sistemas seguros de acceso y transmisión de datos

Elsa Rubio Duce

ic editorial

Sistemas seguros de acceso y transmisión de datos
© Elsa Rubio Duce

1ª Edición

© IC Editorial, 2025

Editado por: IC Editorial
c/ Cueva de Viera, 2, Local 3
Centro Negocios CADI
29200 Antequera (Málaga)
Teléfono: 952 70 60 04
Fax: 952 84 55 03
Correo electrónico: iceditorial@iceditorial.com
Internet: www.iceditorial.com

ISBN: 978-84-1184-637-0
Depósito Legal: MA 345-2025

Impresión: PODiPrint
Impreso en Andalucía – España

Nota de la editorial: IC Editorial pertenece a Innovación y Cualificación S. L.

Presentación del manual

El **Certificado de Profesionalidad** es el instrumento de acreditación, en el ámbito de la Administración laboral, de las cualificaciones profesionales del Catálogo Nacional de Cualificaciones Profesionales adquiridas a través de procesos formativos o del proceso de reconocimiento de la experiencia laboral y de vías no formales de formación.

El elemento mínimo acreditable es la **Unidad de Competencia.** La suma de las acreditaciones de las unidades de competencia conforma la acreditación de la competencia general.

Una **Unidad de Competencia** se define como una agrupación de tareas productivas específica que realiza el profesional. Las diferentes unidades de competencia de un certificado de profesionalidad conforman la **Competencia General,** definiendo el conjunto de conocimientos y capacidades que permiten el ejercicio de una actividad profesional determinada.

Cada **Unidad de Competencia** lleva asociado un **Módulo Formativo,** donde se describe la formación necesaria para adquirir esa **Unidad de Competencia,** pudiendo dividirse en **Unidades Formativas.**

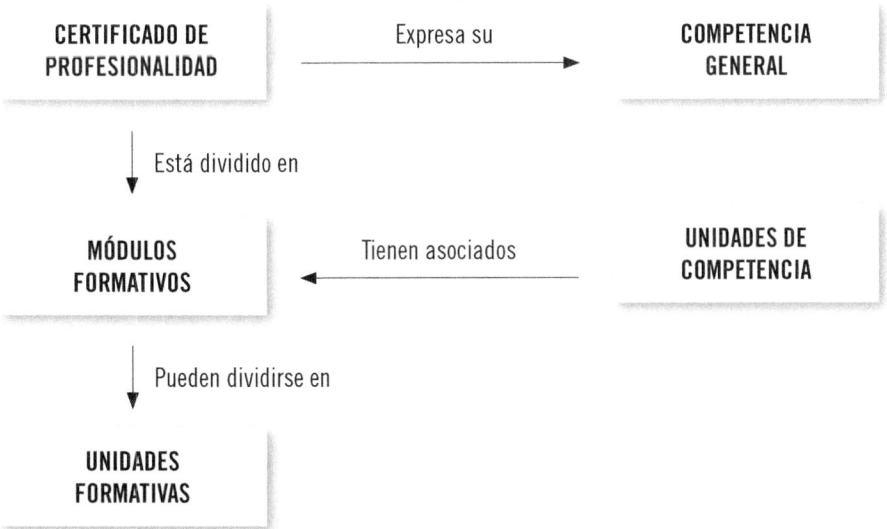

El presente manual desarrolla el Módulo Formativo **MF0489_3: Sistemas seguros de acceso y transmisión de datos,**

asociado a la unidad de competencia **UC0489_3: Diseñar e implementar sistemas seguros de acceso y transmisión de datos,**

del Certificado de Profesionalidad **Seguridad informática.**

MF0489_3

Sistemas seguros de acceso y transmisión de datos

Tiene asociado el

UNIDAD DE COMPETENCIA UC0489_3

Diseñar e implementar sistemas seguros de acceso y transmisión de datos

FICHA DE CERTIFICADO DE PROFESIONALIDAD

(IFCT0109) SEGURIDAD INFORMÁTICA (R. D. 686/2011, de 13 de mayo modificado por el R. D. 628/2013, de 2 de agosto)

COMPETENCIA GENERAL: Garantizar la seguridad de los accesos y usos de la información registrada en equipos informáticos, así como del propio sistema, protegiéndose de los posibles ataques, identificando vulnerabilidades y aplicando sistemas de cifrado a las comunicaciones que se realicen hacia el exterior y el interior de la organización.

Cualificación profesional de referencia	Unidades de competencia		Ocupaciones o puestos de trabajo relacionados:
IFC153_3 SEGURIDAD INFORMÁTICA (R. D. 1087/2005, de 16 de septiembre)	UC0486_3	Asegurar equipos informáticos	• 3820.1017 Programador de Aplicaciones Informáticas • 3812.1014 Técnico en Informática de Gestión • Técnico en seguridad informática. • Técnico en auditoría informática.
	UC0487_3	Auditar redes de comunicación y sistemas informáticos	
	UC0488_3	Detectar y responder ante incidentes de seguridad	
	UC0489_3	Diseñar e implementar sistemas seguros de acceso y transmisión de datos	
	UC0490_3	Gestionar servicios en el sistema informático	

Correspondencia con el Catálogo Modular de Formación Profesional

Módulos certificado	Unidades formativas	Horas
MF0486_3: Seguridad en equipos informáticos		90
MF0487_3: Auditoría de seguridad informática		90
MF0488_3: Gestión de incidentes de seguridad informática		90
MF0489_3: Sistemas seguros de acceso y transmisión de datos		60
MF0490_3: Gestión de servicios en el sistema informático		90
MP0175: Módulo de prácticas profesionales no laborales		80

III

Índice

Capítulo 1
Criptografía

Contenido

1. Introducción

La criptografía es la ciencia de proteger información mediante la transformación de datos legibles en un formato codificado, descifrable solo por quienes tengan la clave adecuada. Su propósito fundamental es garantizar la confidencialidad, integridad, autenticidad y no repudio de la información.

La confidencialidad asegura que solo las partes autorizadas acceden a la información, la integridad verifica que los datos no sean alterados, la autenticidad confirma la identidad de las partes y el no repudio impide que una parte niegue acciones específicas.

La criptografía protege datos contra accesos no autorizados y manipulaciones malintencionadas. Es esencial en la seguridad de la información, el cifrado de datos, la protección de comunicaciones y la autenticación de usuarios y dispositivos.

En el sector bancario, asegura transacciones financieras y protege información de cuentas. En salud, protege registros médicos electrónicos. En el gobierno, es vital para la seguridad nacional y las comunicaciones militares. En la vida cotidiana, la criptografía se usa en conexiones seguras (HTTPS) y en aplicaciones de mensajería con cifrado de extremo a extremo.

La criptografía ha evolucionado desde métodos simples (como el cifrado de César) hasta avances significativos durante la Segunda Guerra Mundial con la máquina Enigma. La era moderna comenzó en la década de 1970 con algoritmos de clave pública como RSA. Hoy, la criptografía sigue avanzando con algoritmos como ECC y SHA-256, y la criptografía cuántica promete niveles de seguridad sin precedentes.

2. Perspectiva histórica y objetivos de la criptografía

La historia de la criptografía abarca varios milenios y refleja la evolución de la tecnología y las necesidades de seguridad de la humanidad. La criptografía clásica se remonta a la antigüedad, con ejemplos tempranos como el cifrado de César, utilizado por el emperador romano Julio César. Este método empleaba una simple sustitución de letras, desplazando cada letra del alfabeto un número fijo de posiciones.

En la Edad Media, la criptografía continuó desarrollándose con métodos más complejos, como el cifrado Vigenère, que utilizaba una serie de diferentes cifrados de César basados en una palabra clave. Este método ofrecía una mayor resistencia a los intentos de descifrado por fuerza bruta.

 **Ejemplo**

A continuación, se presentan algunos ejemplos prácticos para ilustrar cada etapa:

▌ Antigüedad. Cifrado de César:

Crear un mensaje cifrado utilizando el cifrado de César con un desplazamiento de 3.

   ▌ Mensaje original: "HOLA"
   ▌ Mensaje cifrado: "KRND"

▌ Edad Media. Cifrado Vigenère:

Cifrar "HOLA" con la clave "CLAVE":

   ▌ Mensaje original: "HOLA"
   ▌ Mensaje cifrado: "JKVD" (utilizando la clave repetidamente)

El siglo xx fue un periodo significativo en la criptografía. Destaca la máquina Enigma, desarrollada por Alemania durante la Segunda Guerra Mundial, la cual, con sus rotores y conexiones intercambiables, creó un cifrado complejo. Los esfuerzos de Alan Turing y su equipo en Bletchley Park para descifrar Enigma fueron fundamentales para la criptografía moderna. En la década de 1970, la criptografía de clave pública emergió con el sistema RSA (creado por Rivest, Shamir y Adleman), que permitió el intercambio seguro de información sin necesidad de una clave secreta previa. Esto fue seguido por la adopción de algoritmos de clave simétrica como DES *(Data Encryption Standard)*, estándar en aplicaciones comerciales.

La criptografía ha evolucionado continuamente para satisfacer las crecientes demandas de seguridad y los avances tecnológicos. Los métodos clásicos dieron paso a técnicas más sofisticadas con la criptografía moderna. El algoritmo DES, desarrollado en la década de 1970, proporcionó un nivel de seguridad adecuado para muchas aplicaciones, pero la mayor potencia de computación llevó a la necesidad de algoritmos más robustos como AES, adoptado en 2001, que ofrece una seguridad mucho mayor, con tamaños de clave de 128, 192 y 256 bits.

La criptografía de clave pública añadió una nueva dimensión a la seguridad de la información, pues permitió el intercambio seguro de claves y la autenticación mediante firmas digitales. RSA y los algoritmos de curva elíptica (ECC) proporcionan soluciones eficientes y seguras para diversas aplicaciones. Además, las funciones *hash* criptográficas, como SHA-256, mejoraron la integridad de los datos y la verificación de la autenticidad, al generar un valor *hash* único para un conjunto de datos.

La criptografía cuántica es la última frontera en esta evolución. Basada en la mecánica cuántica, promete una seguridad sin precedentes, aprovechando fenómenos como el entrelazamiento cuántico y la superposición. Los protocolos de distribución de claves cuánticas (QKD) están siendo desarrollados para hacer frente a las amenazas emergentes de los futuros ordenadores cuánticos.

La criptografía persigue varios objetivos fundamentales, esenciales para la seguridad de la información:

- **Confidencialidad:** garantiza que la información solo sea accesible para las partes autorizadas. Los algoritmos criptográficos cifran los datos, impidiendo que usuarios no autorizados puedan leer la información.
- **Integridad:** asegura que la información no ha sido alterada de ninguna manera durante su almacenamiento o transmisión. Los mecanismos de integridad utilizan funciones *hash* y códigos de autenticación de mensajes (MAC) para detectar cualquier modificación no autorizada.

- **Autenticidad:** verifica la identidad de las partes involucradas en la comunicación. Las firmas y los certificados digitales son herramientas criptográficas que proporcionan un medio para autenticar la identidad de los usuarios y dispositivos.
- **No repudio:** impide que una de las partes en una comunicación pueda negar posteriormente la autenticidad de su participación. Las firmas digitales y los registros de auditoría criptográficos aseguran que las acciones realizadas por un usuario puedan ser verificadas de manera independiente y no pueden ser repudiadas.

La constante evolución de la criptografía es necesaria para mantenerse al día con las amenazas emergentes y las nuevas tecnologías. Los atacantes desarrollan métodos cada vez más sofisticados para comprometer la seguridad de los datos, con lo cual es esencial que las técnicas criptográficas continúen mejorando. La investigación y el desarrollo de la criptografía cuántica, los algoritmos de cifrado más fuertes y los métodos de autenticación avanzados son esenciales para mantener la seguridad en un mundo digital en constante cambio.

Definición

DES *(Data Encryption Standard)*
Es un algoritmo de cifrado simétrico que fue adoptado como estándar federal en Estados Unidos en 1977.

AES *(Advanced Encryption Standard)*
Es un algoritmo de cifrado simétrico adoptado como estándar por el Instituto Nacional de Estándares y Tecnología (NIST) en 2001.

RSA *(Rivest-Shamir-Adleman)*
Es un algoritmo de cifrado de clave pública desarrollado por Ron Rivest, Adi Shamir y Leonard Adleman en 1977. Se basa en la dificultad de factorizar grandes números primos. RSA es utilizado para la encriptación y la creación de firmas digitales.

Continúa en página siguiente >>

<< Viene de página anterior

CRL *(Certificate Revocation List)*
Es un listado mantenido por una autoridad de certificación (CA), la cual enumera los certificados digitales que han sido revocados antes de su fecha de expiración.

CSR *(Certificate Signing Request)*
Es un bloque de texto cifrado enviado a una CA para solicitar la emisión de un certificado digital.

PMI *(Privilege Management Infrastructure)*
Es un sistema que gestiona los derechos y privilegios de los usuarios en un entorno de red. La PMI trabaja en conjunto con la PKI (infraestructura de clave pública) para asegurar que los usuarios autenticados también tengan los permisos adecuados para acceder a recursos específicos.

HTTPS *(Hypertext Transfer Protocol Secure)*
Es una versión segura del protocolo HTTP que utiliza cifrado SSL/TLS para proteger la comunicación entre un navegador web y un servidor. HTTPS garantiza que los datos transmitidos estén protegidos contra interceptaciones y ataques.

TLS *(Transport Layer Security)*
Es un protocolo criptográfico que proporciona seguridad en las comunicaciones por internet. TLS es la evolución de SSL, ofrece mejoras en la seguridad y eficiencia.

VPN *(Virtual Private Network)*
Es una tecnología que crea una conexión segura y cifrada sobre una red menos segura, como internet. Las VPN se utilizan para proteger la privacidad y la seguridad de los datos transmitidos entre dispositivos y redes.

SSH *(Secure Shell)*
Es un protocolo de red criptográfico utilizado para operar servicios de red de forma segura a través de una red insegura. SSH proporciona un canal seguro sobre una red no segura mediante el uso de cifrado para la conexión remota entre computadoras.

IKE *(Internet Key Exchange)*
Es un protocolo utilizado para establecer una asociación de seguridad (SA) en el protocolo IPSec. IKE negocia, establece y gestiona las claves de cifrado necesarias para asegurar las comunicaciones entre dos puntos finales.

Actividades

1. Cree una línea de tiempo que detalle la evolución de la criptografía desde la antigüedad hasta la modernidad. Incluya ejemplos específicos de cada período.
2. Investigue los objetivos fundamentales de la criptografía, en términos de seguridad de la información, y redacte un ensayo breve (300-500 palabras) en el que los explique.
3. Realice una investigación sobre los avances tecnológicos en criptografía que surgieron en la década de 1970 y redacte un informe detallado sobre cómo estos avances han influido en las prácticas de encriptación modernas.

3. Teoría de la información

La teoría de la información es una rama de las matemáticas y la ingeniería que se ocupa del análisis y la transmisión de datos. Esta teoría fue desarrollada en gran parte por Claude Shannon en la década de 1940 y proporciona un marco teórico para la comprensión de la transmisión de información.

En este contexto, la información se refiere a la cantidad de datos que se transmiten de una fuente a un receptor. La información no solo incluye el contenido, sino también la forma en que se codifica y se transmite, lo que resulta fundamental para que esa comunicación sea eficiente y se reduzca la incertidumbre.

La entropía, dentro del marco de la teoría de la información, es el grado de incertidumbre o la variabilidad inherente en un conjunto de datos. Representa la cantidad promedio de información producida por una fuente de datos. Un mayor grado de entropía indica un mayor grado de incertidumbre y, por lo tanto, más información necesaria para describir el estado del sistema.

La teoría de la comunicación se ocupa del proceso de transmitir información de un punto a otro. Incluye el análisis de las señales, los medios de transmisión y los métodos para garantizar que la información llegue al receptor de manera precisa y eficiente. La teoría aborda asuntos como la codificación, la capacidad del canal y la redundancia.

Claude Shannon introdujo varios conceptos clave para la medición de la información. Entre ellos están la entropía, la capacidad de canal y la redundancia:

- **Entropía de Shannon:** cuantifica la cantidad de información en un conjunto de datos. Se calcula utilizando la probabilidad de aparición de cada símbolo en el alfabeto del mensaje. La fórmula básica es:

$$H(X) = -\sum p(x)\log p(x)$$

H(X) es la entropía y p(x) es la probabilidad de cada símbolo x en el conjunto de datos. Una entropía más alta indica mayor incertidumbre y más información.

- **Capacidad de canal:** es la cantidad máxima de información que se puede transmitir a través de un canal de comunicación sin errores. Este concepto es fundamental para diseñar sistemas de comunicación eficientes. Se define como:

$$C = \max I(X;Y)$$

C es la capacidad del canal e I(X;Y) es la información mutua entre la entrada X y la salida Y del canal. La capacidad del canal depende de factores como el ruido y la interferencia en el medio de transmisión.

- **Redundancia:** se refiere a la cantidad de información adicional incluida en un mensaje para detectar y corregir errores. Aunque la redundancia puede parecer innecesaria, es vital para asegurar la integridad y exactitud de los datos transmitidos. La redundancia permite la corrección de errores y la verificación de la autenticidad de la información recibida.

La capacidad de canal también influye en la criptografía, especialmente en el contexto de la transmisión segura de datos. La cantidad de datos cifrados que pueden ser transmitidos de manera segura depende de la capacidad del canal y de la resistencia del algoritmo de cifrado a los ataques. Un canal con mayor capacidad puede transmitir datos más rápidamente, pero debe ser protegido adecuadamente para evitar interceptaciones.

La redundancia es utilizada en esquemas criptográficos para asegurar la integridad de los datos. Por ejemplo, los MAC y las firmas digitales incluyen información redundante que permite verificar la autenticidad y la integridad de los mensajes. Estos métodos garantizan que cualquier alteración en los datos pueda ser detectada y corregida.

Nota

La criptografía cuántica es un área emergente que aplica principios de la teoría de la información cuántica. Utiliza propiedades cuánticas como el entrelazamiento y la superposición para asegurar la transmisión de claves de cifrado de manera absolutamente segura. La teoría de la información cuántica proporciona un marco para entender y desarrollar estos sistemas.

Actividades

4. Analice la influencia de la entropía de Shannon en la seguridad de los sistemas criptográficos modernos y busque ejemplos concretos.
5. Examine cómo la capacidad de canal y la redundancia se combinan para mejorar la seguridad en la transmisión de datos cifrados. Incluya ejemplos de MAC y firmas digitales.

4. Propiedades de la seguridad que se pueden controlar mediante la aplicación de la criptografía: confidencialidad, integridad, autenticidad, no repudio, imputabilidad y sellado de tiempos

Mediante el uso de técnicas de cifrado, los datos se transforman en un formato ininteligible para cualquier persona que no posea la clave adecuada. Este proceso garantiza que solo los destinatarios autorizados puedan acceder y leer la información.

El cifrado simétrico y asimétrico son dos métodos principales para asegurar la confidencialidad. En el cifrado simétrico, una sola clave es utilizada tanto para cifrar como para descifrar la información. Algoritmos como AES *(Advanced Encryption Standard)* son ampliamente utilizados en este contexto por lo eficiente y seguro que resulta. Por otro lado, el cifrado asimétrico utiliza un par de claves, una pública y una privada. La clave pública cifra los datos y solo la clave privada correspondiente puede descifrarlos. RSA es un ejemplo destacado de este tipo de cifrado.

La integridad de la información garantiza que los datos no han sido alterados desde su creación hasta su recepción. La criptografía proporciona herramientas como las funciones *hash,* para verificar la integridad de los datos. Estas funciones generan un valor único o *hash,* a partir de los datos originales. Cualquier mínima modificación resulta en un valor *hash* completamente diferente.

SHA-256 es un ejemplo de una función *hash* utilizada comúnmente. Cuando se envían datos junto con su *hash* correspondiente, el receptor puede recalcular el *hash* a partir de los datos recibidos y compararlo con el *hash* enviado. Si coinciden, se puede estar seguro de que los datos no han sido alterados durante la transmisión.

Además de las funciones *hash,* los MAC combinan una clave secreta con los datos para generar un valor que solo puede ser verificado por quienes conocen esa clave secreta. Esto proporciona una capa adicional de seguridad, al verificar tanto la integridad como la autenticidad de los datos.

La autenticidad en la comunicación asegura que las partes involucradas sean quienes dicen ser. La criptografía proporciona mecanismos como las firmas y los certificados digitales para verificar la identidad de los participantes.

Las firmas digitales hacen uso de la criptografía de clave pública para generar una firma que es única, basándose en los datos proporcionados y la clave privada del emisor. Esta firma puede ser verificada por cualquier persona que posea la clave pública correspondiente, confirmando así la identidad del remitente y asegurando que el mensaje no ha sido alterado. Algoritmos como RSA y DSA *(Digital Signature Algorithm)* son comúnmente utilizados para generar firmas digitales.

Los certificados digitales, emitidos por una CA, asocian una clave pública con una identidad. Estos certificados proporcionan una forma confiable de verificar la autenticidad de una clave pública y, por ende, la identidad de su propietario. Los navegadores web y otras aplicaciones confían en certificados digitales para establecer conexiones seguras (por ejemplo, HTTPS).

El no repudio asegura que una parte en una comunicación no pueda negar haber participado en ella. Este principio es vital en transacciones comerciales y legales, en las que es importante que las acciones realizadas sean indiscutibles.

Ejemplo

A continuación, se expone un ejemplo práctico sobre cómo establecer una conexión segura a través de HTTPS y cómo usar *Wireshark* para observar los datos cifrados en tránsito.

Paso 1. Establecer una conexión HTTPS.

▌ Abrir un navegador web: navegar a un sitio web seguro, por ejemplo <https://www.google.com>.

Continúa en página siguiente >>

<< Viene de página anterior

❙ Verificar el cifrado: asegurarse de que la URL comience con "https" y que haya un ícono de candado en la barra de direcciones:

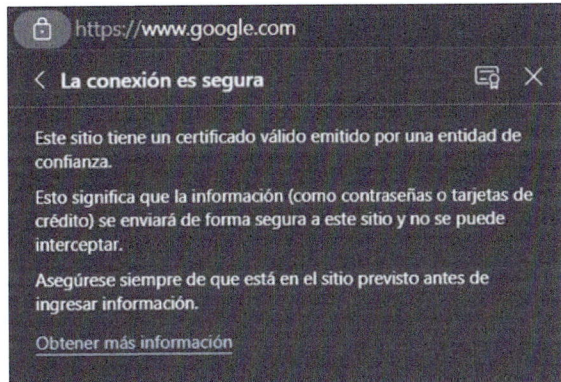

Paso 2. Usar *Wireshark* para observar datos cifrados en tránsito:

❙ Instalar *Wireshark:* descargar e instalar *Wireshark* desde wireshark.org:

Continúa en página siguiente >>

<< Viene de página anterior

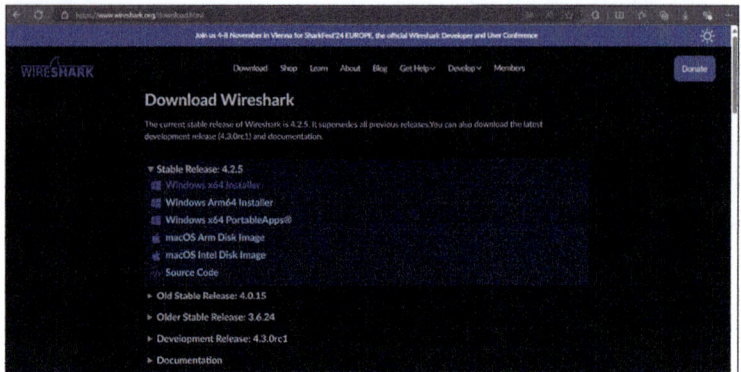

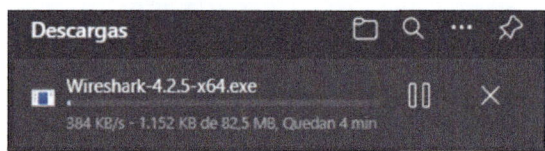

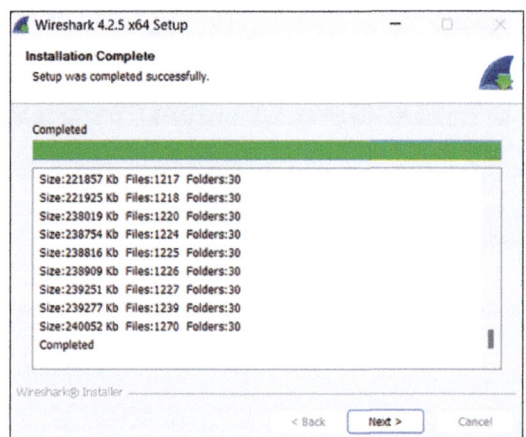

Continúa en página siguiente >>

<< Viene de página anterior

I Capturar tráfico: abrir *Wireshark* y seleccionar la interfaz de red utilizada para la conexión a internet:

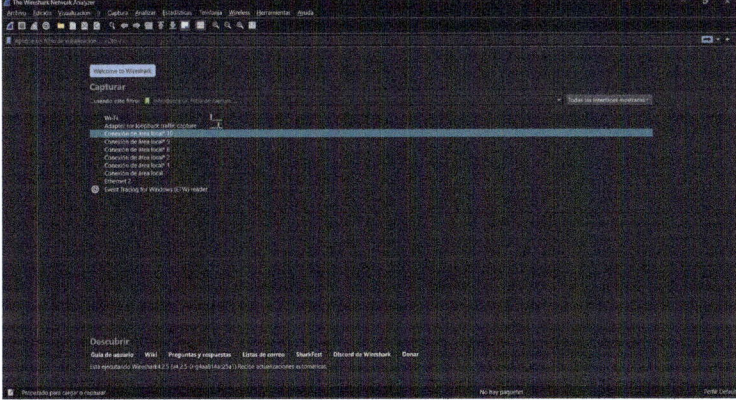

I Iniciar captura: hacer doble clic para comenzar a capturar paquetes:

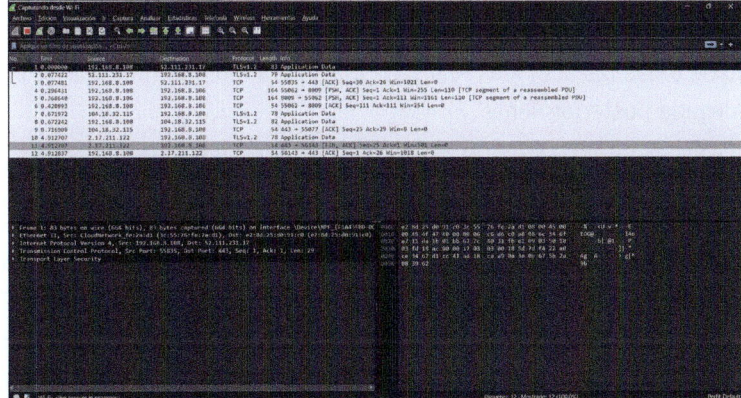

Continúa en página siguiente >>

<< Viene de página anterior

I Navegar a un sitio HTTPS: ir a un sitio web HTTPS mientras *Wireshark* está capturando el tráfico.

I Filtrar tráfico HTTPS: en *Wireshark*, usar el filtro ssl o tls para mostrar solo el tráfico cifrado.

No.	Time	Source	Destination	Protocol	Length	Info
1	0.000000	192.168.8.108	52.111.231.17	TLSv1.2	83	Application Data
2	0.077422	52.111.231.17	192.168.8.108	TLSv1.2	79	Application Data
7	0.671972	104.18.32.115	192.168.8.108	TLSv1.2	78	Application Data
8	0.672242	192.168.8.108	104.18.32.115	TLSv1.2	82	Application Data
10	4.912707	2.17.211.122	192.168.8.108	TLSv1.2	78	Application Data

I Observar los datos cifrados: el contenido de los paquetes HTTPS está cifrado y no puede ser leído sin la clave de descifrado.

Las firmas digitales juegan un papel esencial en el no repudio. Una firma digital, generada usando la clave privada del remitente, no puede ser falsificada sin esa clave. Como resultado, cualquier mensaje firmado digitalmente puede ser atribuido de manera definitiva al remitente, lo cual proporciona una prueba irrefutable de su participación.

Además, los registros de auditoría criptográficos y los protocolos de registro también contribuyen al no repudio. Estos sistemas mantienen un registro detallado de todas las acciones realizadas, asegurando que ninguna de ellas pueda ser negada posteriormente.

La imputabilidad se refiere a la capacidad de atribuir acciones específicas a las personas o entidades que las realizaron. En sistemas de información, es esencial para la rendición de cuentas y la responsabilidad.

La autenticación robusta y los registros de auditoría son herramientas claves para garantizar la imputabilidad. Los sistemas de autenticación aseguran que solo los usuarios autorizados puedan acceder y realizar acciones en el sistema. Los registros de auditoría, por su parte, documentan todas las actividades realizadas, incluyendo quién realizó cada acción y cuándo. Estos registros deben ser protegidos contra alteraciones para asegurar su integridad.

Las tecnologías de gestión de identidades y accesos (IAM) también son fundamentales. Estas tecnologías gestionan las identidades digitales y los permisos de los usuarios, garantizando que solo las personas adecuadas tengan acceso a los recursos correctos y que todas las acciones sean rastreables.

El sellado de tiempos es un mecanismo que permite asociar una marca temporal a un conjunto de datos, proporcionando evidencia de que los datos existían en un momento específico. Este proceso es esencial para garantizar la secuencia y la autenticidad de eventos, especialmente en contextos legales y financieros.

Los servicios de sellado de tiempos generan una marca temporal basada en la hora actual y los datos proporcionados. Esta marca se cifra utilizando técnicas criptográficas para asegurar que no pueda ser alterada. Una autoridad de sellado de tiempos (TSA) confiable puede emitir estos sellos, proporcionando un registro independiente y verificable del momento en que se realizó una acción.

El sellado de tiempos se utiliza en una variedad de aplicaciones, desde la protección de la propiedad intelectual hasta la verificación de transacciones financieras. En los contratos digitales, por ejemplo, el sellado de tiempos garantiza que un documento fue firmado en un momento específico, lo cual proporciona una prueba adicional de su validez.

 Ejemplo

El siguiente proceso es un ejemplo de cómo crear y verificar firmas digitalmente en documentos con herramientas como *GPG:*

Continúa en página siguiente >>

<< Viene de página anterior

▌ Instalar *GPG.* Descargar e instalar *GPG* (GnuPG) desde <https://www.gnupg.org/download/>.

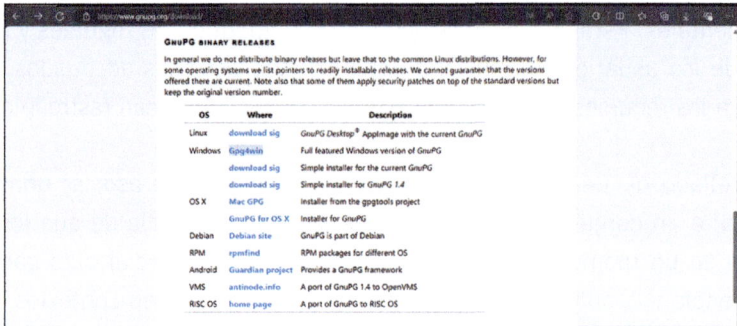

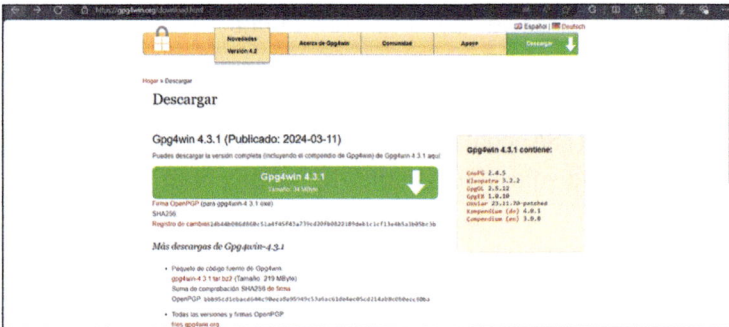

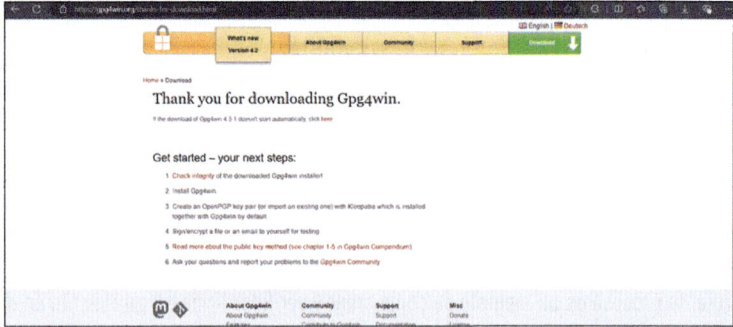

Continúa en página siguiente >>

<< Viene de página anterior

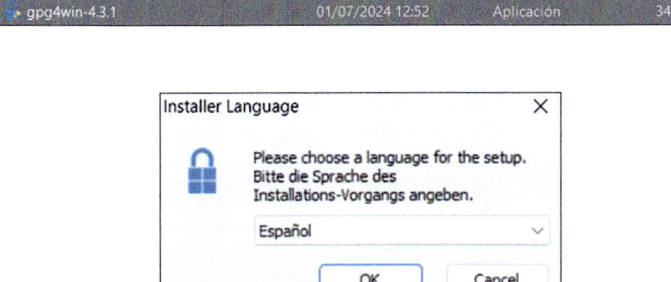

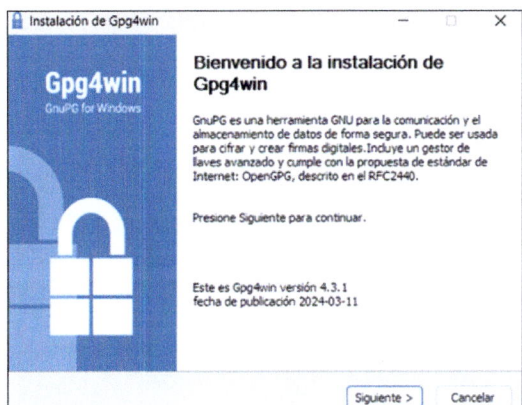

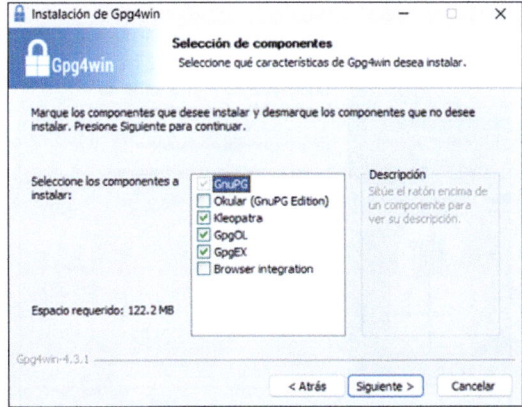

Continúa en página siguiente >>

<< Viene de página anterior

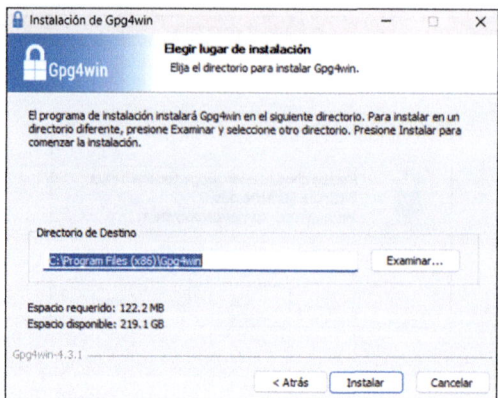

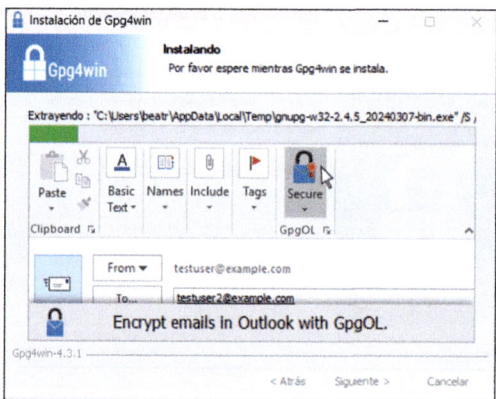

Continúa en página siguiente >>

<< Viene de página anterior

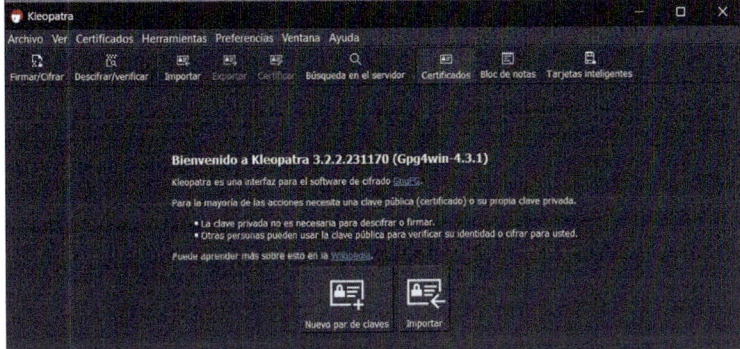

| Generar un par de claves:

Continúa en página siguiente >>

<< Viene de página anterior

▎Firmar un correo electrónico:

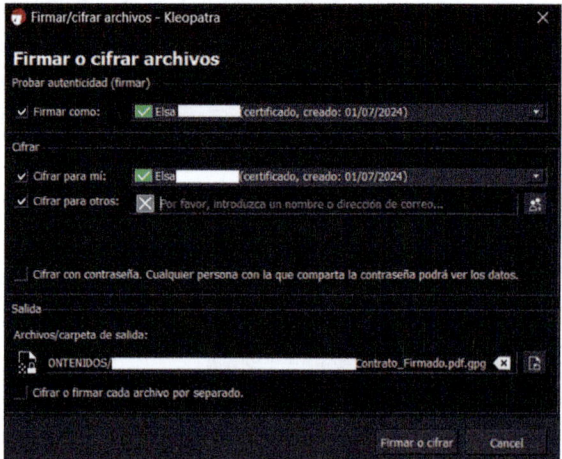

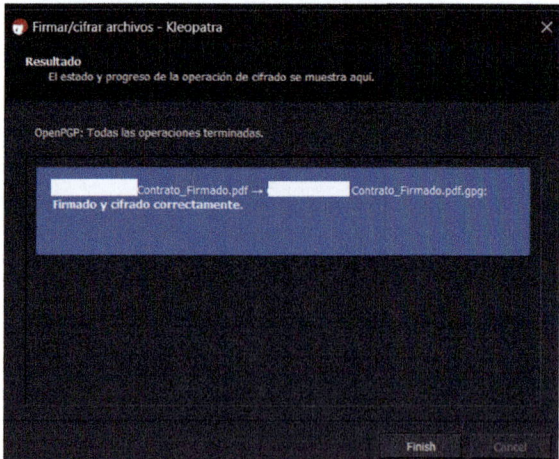

Continúa en página siguiente >>

<< Viene de página anterior

❙ Verificar la firma:

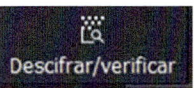

Actividades

6. Analice el papel del sellado de tiempos en la protección de la propiedad intelectual y la verificación de transacciones financieras, destacando su importancia en contextos legales.
7. ¿Qué técnicas utiliza la criptografía para asegurarse de que los datos no han sido alterados? ¿Cómo se verifica esto?

Aplicación práctica

Una empresa de *software* está desarrollando una aplicación que manejará datos altamente sensibles de los usuarios, como información de cuentas bancarias, transacciones financieras y datos personales. La aplicación será utilizada tanto en plataformas móviles *(iOS y Android)* como en web. Dado el alto riesgo asociado a la exposición de estos datos, ¿qué medidas deberá considerar para los siguientes objetivos?

❙ Proteger la confidencialidad, integridad y autenticidad de los datos de los usuarios.
❙ Garantizar que solo los usuarios autorizados puedan acceder a la información.
❙ Prevenir cualquier alteración no autorizada de los datos.
❙ Verificar que las partes involucradas en la comunicación sean quienes dicen ser.

Continúa en página siguiente >>

<< Viene de página anterior

SOLUCIÓN

Para lograr estos objetivos, la aplicación utilizará una combinación de técnicas de cifrado simétrico y asimétrico, funciones *hash* y certificados digitales.

Para proteger los datos en tránsito entre los clientes y los servidores, se utilizará TLS, que emplea cifrado asimétrico para establecer una conexión segura y luego utiliza cifrado simétrico para la transferencia de datos.

Durante el establecimiento de la conexión, se utilizará RSA para intercambiar de manera segura una clave simétrica, que será utilizada para cifrar la sesión.

Los datos sensibles almacenados en servidores y dispositivos móviles serán cifrados utilizando AES-256, un algoritmo simétrico conocido por su alta seguridad y eficiencia.

Para comprobar que los datos no han sido alterados, se generarán *hashes* de los datos utilizando SHA-256. Estos serán verificados cada vez que se acceda o se transmita la información.

Se utilizarán HMAC para proporcionar una capa adicional de seguridad, combinando una clave secreta con los datos para generar un valor que verifique tanto la integridad como la autenticidad de los datos.

Cada transacción financiera será firmada digitalmente utilizando la clave privada del remitente. Las firmas digitales garantizarán que las transacciones no puedan ser repudiadas y que provienen de usuarios legítimos.

La autenticidad de los servidores será verificada mediante certificados digitales emitidos por una CA. Los clientes también pueden utilizar certificados digitales para autenticarse ante los servidores.

En dispositivos móviles, se implementará el cifrado de disco completo para verificar que todos los datos almacenados estén protegidos, incluso si el dispositivo se pierde o alguien lo roba.

5. Elementos fundamentales de la criptografía de clave privada y de clave pública

La criptografía de clave privada, también conocida como criptografía simétrica, utiliza una sola clave tanto para el cifrado como para el descifrado de la información. Esta clave debe ser compartida entre las partes involucradas en la comunicación y mantenida en secreto para garantizar la seguridad de los datos.

Algunas de las características más destacadas son las siguientes:

- **Uso de una única clave:** la misma clave se emplea para cifrar y descifrar los datos, lo que simplifica el proceso de cifrado.
- **Velocidad:** los algoritmos de clave privada suelen ser más rápidos en comparación con los de clave pública, ya que las operaciones matemáticas implicadas son menos complejas.
- **Seguridad:** la seguridad depende de mantener la clave secreta. Si la clave es comprometida, toda la información cifrada con ella puede ser descifrada.

La criptografía de clave pública, a veces referida como criptografía asimétrica, utiliza un conjunto de dos claves, una de las cuales es pública y la otra privada. La clave pública se utiliza para cifrar los datos y puede ser compartida abiertamente, mientras que la clave privada se utiliza para descifrar los datos y debe mantenerse en secreto.

Algunas de las características más destacadas son las siguientes:

- **Par de claves:** utiliza dos claves diferentes, pero relacionadas mediante operaciones matemáticas. La clave pública puede ser distribuida sin riesgo, mientras que la clave privada debe ser protegida.
- **Autenticación y firma digital:** además de cifrar datos, los sistemas de clave pública permiten la creación de firmas digitales, lo que garantiza la autenticidad de los remitentes y la integridad de los mensajes.
- **Complejidad:** los algoritmos de clave pública son más complejos y, por lo tanto, más lentos que los de clave privada.

La siguiente tabla compara los aspectos fundamentales de ambos sistemas:

Aspecto	Criptografía de clave privada	Criptografía de clave pública
Velocidad	Algoritmos más rápidos y eficientes, ideales para grandes volúmenes de datos	Rendimiento inferior, más lentos y consumen más recursos computacionales
Simplicidad	Implementación y manejo de una única clave más sencillo	Gestión y mantenimiento de pares de claves más complejas, lo cual aumenta la carga administrativa
Distribución de claves	Compartir la clave de manera segura es un reto, especialmente con muchos usuarios.	No es necesario compartir la clave privada, lo que simplifica la distribución y mejora la seguridad.
Escalabilidad	La gestión de claves se vuelve más compleja y menos eficiente con muchos usuarios.	Facilita la comunicación segura en entornos con muchos usuarios, como internet.
Autenticación	Es limitado en este aspecto.	Permite la creación de firmas digitales, lo cual asegura autenticidad e integridad.

 Ejemplo

A continuación, se presentan ejemplos detallados de criptografía de clave privada y clave pública para ilustrar cómo funcionan estos métodos de cifrado.

I Criptografía de clave privada (o simétrica)

La criptografía de clave privada se basa en que dos partes compartan una clave secreta para intercambiar mensajes de manera segura. Por ejemplo, si Alice y Bob desean comunicarse confidencialmente, acuerdan una clave secreta, como "clave123". Usando un algoritmo de cifrado simétrico como AES, Alice cifra su mensaje con esta clave.

Mensaje original de Alice: "Adiós Bob".

Continúa en página siguiente >>

<< Viene de página anterior

Mensaje cifrado: "9d4e1e23bd5b727046a9e3b4b7db57bd"

Alice envía este mensaje cifrado a Bob. Bob, al conocer la clave secreta, puede descifrar el mensaje para obtener el texto original enviado por Alice.

I Criptografía de clave pública (o asimétrica)

La criptografía de clave pública permite que las partes se comuniquen de forma segura sin necesidad de compartir una clave secreta previamente. En este método, cada persona tiene un par de claves: una pública y otra privada. Por ejemplo, Bob genera una clave pública, que comparte libremente, y una clave privada, que mantiene en secreto. La clave pública de Bob podría ser "clavePublica789" y su clave privada, "clavePrivada456".

Si Alice desea enviar un mensaje a Bob, utiliza la clave pública de Bob para cifrar su mensaje.

Mensaje original de Alice: "Adiós Bob".

Mensaje cifrado: "b1f2a32929d393d94d7eb1dbf0b8".

Alice envía este mensaje cifrado a Bob. Aunque cualquier persona puede ver el mensaje cifrado, solo Bob puede descifrarlo, ya que únicamente él posee la clave privada correspondiente.

 Aplicación práctica

Una empresa de tecnología está desarrollando una nueva plataforma de comunicación segura para su red global de empleados. La plataforma se utilizará para enviar y recibir mensajes confidenciales, documentos importantes y datos sensibles entre miles de usuarios distribuidos en diferentes ubicaciones.

Dada la gran cantidad de datos que se transmitirá, se necesita un sistema que pueda manejar grandes volúmenes de información de manera rápida y eficiente. Además, la empresa busca una solución que sea relativamente sencilla de implementar y gestionar.

Continúa en página siguiente >>

<< Viene de página anterior

Por último, es muy importante que la distribución de claves sea segura y manejable, incluso con una gran cantidad de usuarios.

¿Qué sistema de criptografía debería seleccionar el equipo de desarrollo para esta plataforma de comunicación segura, considerando los requisitos mencionados?

SOLUCIÓN

El equipo de desarrollo debería seleccionar la **criptografía de clave pública** (asimétrica) para esta plataforma de comunicación segura. La criptografía de clave pública no requiere compartir la clave privada, lo que simplifica enormemente la distribución de claves entre miles de usuarios, mejorando la seguridad. Además, este sistema es más eficiente para gestionar la comunicación segura en entornos con muchos usuarios, como una red global de empleados.

---

6. Características y atributos de los certificados digitales

Los certificados digitales son documentos electrónicos emitidos por una CA que vinculan una clave pública con la identidad de su propietario. Estos certificados permiten a los usuarios y entidades autenticarse de manera segura en el entorno digital. Los certificados digitales se utilizan principalmente para asegurar las comunicaciones, autenticar usuarios y dispositivos, y garantizar la integridad y autenticidad de los mensajes electrónicos.

Un certificado digital incluye varios elementos clave, que son esenciales para su funcionamiento y verificación. Entre los componentes más importantes se encuentran:

- **Clave pública:** es el componente central del certificado. La clave pública se utiliza para cifrar los datos, que solo pueden ser descifrados por la correspondiente clave privada del propietario.
- **Identidad del titular:** es la información que identifica al propietario del certificado, como su nombre, dirección de correo electrónico o el nombre de la organización a la que pertenece. Esta información es fundamental para la autenticación y el establecimiento de la confianza.

- **CA:** es la entidad que emite y firma el certificado digital. La CA es una entidad de confianza que verifica la identidad del solicitante antes de emitir el certificado. Su firma digital en el certificado garantiza su autenticidad.
- **Período de validez:** es el tiempo durante el cual el certificado es válido. Incluye una fecha de inicio y otra de expiración. Una vez que el certificado expira, debe ser renovado para continuar siendo válido.
- **Número de serie:** es un identificador único asignado al certificado por la CA. Este número ayuda a diferenciar y rastrear certificados individuales.
- **Algoritmo de firma:** es el algoritmo utilizado por la CA para firmar digitalmente el certificado, el cual asegura que este no haya sido alterado desde su emisión.
- **Uso previsto:** especifica las funciones para las cuales el certificado es válido, como la autenticación del servidor, la firma de código o el cifrado de correos electrónicos.
- **Huella digital:** es un valor *hash* único generado a partir del contenido del certificado. Se utiliza para verificar la integridad del certificado, para comprobar que no ha sido alterado.

El proceso de emisión y verificación de certificados digitales implica varios los siguientes pasos esenciales, que garantizan la seguridad y la confianza en el entorno digital:

1. **Solicitud de certificado (CSR):** el propietario genera un par de claves (pública y privada) y crea una CSR, que incluye la clave pública y la información de identidad del solicitante.
2. **Verificación de identidad:** la CA verifica la identidad del solicitante mediante procedimientos de autenticación, que pueden variar en rigor dependiendo del nivel de seguridad requerido. Este proceso puede incluir la presentación de documentos, la verificación de correos electrónicos y otras comprobaciones adicionales.
3. **Generación del certificado:** una vez verificada la identidad del solicitante, la CA emite el certificado digital, que contiene la clave pública del solicitante, la información de identidad verificada y la firma digital de la CA.
4. **Entrega del certificado:** el certificado digital es entregado al solicitante, quien lo instalará en su sistema o dispositivo. La clave privada

generada al inicio del proceso nunca se transmite a la CA ni a ninguna otra entidad.

5. **Presentación del certificado:** cuando se establece una conexión segura o se necesita autenticar una identidad, el certificado digital se presenta a la otra parte.

6. **Verificación de la firma:** la otra parte verifica la firma digital de la CA en el certificado. Esto se realiza utilizando la clave pública de la CA, que debe ser conocida y confiable. Si la firma es válida, se confirma que el certificado fue emitido por una CA de confianza y que no ha sido alterado.

7. **Comprobación del período de validez:** se verifica que el certificado esté dentro de su período de validez. Si el certificado ha expirado, no debe ser aceptado.

8. **Revisión de la CRL:** se consulta la CRL para asegurarse de que el certificado no ha sido revocado. Las CA mantienen y publican estas listas para informar sobre certificados que ya no son confiables debido a compromisos de seguridad o cambios en la información del titular.

9. **Uso previsto:** se verifica que el certificado sea adecuado para la operación específica que se está llevando a cabo (por ejemplo, autenticación del servidor o firma de código).

Actividades

8. Elabore un esquema conceptual que detalle cada paso del proceso de emisión y verificación de certificados digitales, desde la solicitud del certificado hasta la revisión de la CRL.

Aplicación práctica

Juan, empleado del departamento de IT de una empresa, ha sido asignado para gestionar la emisión y verificación de certificados digitales para asegurar la comunicación dentro de la empresa.

A continuación, se describe cómo Juan llevó a cabo el proceso. Sin embargo, cometió un error en uno de los pasos.

Identifique qué paso fue realizado incorrectamente y explique por qué.

1. Juan generó un par de claves (pública y privada) y creó una CSR. Incluyó la clave pública y la información de identidad de la empresa en la solicitud.
2. La CA verificó la identidad de la empresa mediante la presentación de documentos y la verificación del correo electrónico.
3. La CA emitió el certificado digital, incluyendo la clave pública de la empresa, la información de identidad verificada y la firma digital de la CA.
4. Juan envió la clave privada generada al inicio del proceso a la CA para que emitiera el certificado.
5. Cuando se estableció una conexión segura, el certificado digital fue presentado a la otra parte.
6. La otra parte verificó la firma digital de la CA en el certificado utilizando la clave pública de la CA.
7. Se verificó que el certificado estuviera dentro de su período de validez.
8. Se consultó la CRL para comprobar que el certificado no hubiera sido revocado.
9. Se verificó que el certificado fuera adecuado para la autenticación del servidor.

SOLUCIÓN

El paso incorrecto es el 4, **la entrega del certificado.** Juan envió la clave privada generada al inicio del proceso a la CA. Esto es incorrecto, porque la clave privada nunca debe ser transmitida a la CA ni a ninguna otra entidad. La clave privada debe permanecer confidencial y únicamente en posesión del propietario del certificado. Enviar la clave privada compromete la seguridad del sistema y puede permitir que terceros no autorizados accedan a comunicaciones cifradas o suplantar la identidad del propietario del certificado.

7. Identificación y descripción del funcionamiento de los protocolos de intercambio de claves usados más frecuentemente

El protocolo Diffie-Hellman (DH) es un método para intercambiar claves criptográficas de manera segura a través de un canal inseguro. Introducido por Whitfield Diffie y Martin Hellman en 1976, este protocolo permite a dos partes establecer una clave compartida que puede ser utilizada para cifrar comunicaciones futuras. El proceso se basa en la dificultad computacional del problema del logaritmo discreto.

El funcionamiento básico del protocolo DH implica los siguientes pasos:

1. **Selección de parámetros públicos:** ambas partes acuerdan un número primo grande p y una base g (también conocida como generador), que son públicos.
2. **Generación de claves privadas:** cada parte elige un número aleatorio secreto (su clave privada), a para Alice y b para Bob.
3. **Cálculo de claves públicas:** Alice y Bob calculan sus claves públicas utilizando la siguiente fórmula, respectivamente:

$$g^a \bmod p \text{ y } B = g^b \bmod p$$

- Intercambio de claves públicas: Alice envía A a Bob y Bob envía B a Alice.
- Cálculo de la clave compartida: cada parte calcula la clave compartida utilizando la clave pública de la otra parte y su propia clave privada. Alice calcula:

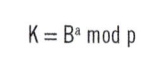

$$K = B^a \bmod p$$

y Bob calcula:

$$K = A^b \bmod p$$

Ambas operaciones resultan en el mismo valor K, que se convierte en la clave compartida.

El protocolo DH se utiliza ampliamente en diversos sistemas de comunicación y seguridad. Es la base de muchos protocolos de seguridad, incluyendo TLS, que se utiliza para asegurar las conexiones HTTPS en la web. También se emplea en aplicaciones de mensajería instantánea y en sistemas de cifrado de correos electrónicos para establecer claves cifradas temporales.

Elliptic Curve Diffie-Hellman (ECDH) es una variante del protocolo DH que utiliza la criptografía de curva elíptica para realizar el intercambio de claves. ECDH ofrece varias ventajas sobre el DH tradicional. A continuación, se presentan las más destacadas:

- ECDH proporciona un nivel de seguridad equivalente a DH, utilizando claves de menor tamaño. Por ejemplo, una clave de 256 bits en ECDH ofrece una seguridad comparable a una clave de 3072 bits en DH.
- El uso de curvas elípticas permite operaciones criptográficas más rápidas y con menor consumo de recursos, lo cual es beneficioso para dispositivos con limitaciones de energía y procesamiento, como los móviles.
- Las claves más pequeñas resultan en un menor uso de ancho de banda durante el intercambio de claves, lo que es especialmente útil en aplicaciones con restricciones de red.

El funcionamiento de ECDH es similar al de DH, pero, en lugar de utilizar números primos y exponenciación modular, utiliza puntos en una curva elíptica:

1. Selección de parámetros públicos: ambas partes acuerdan una curva elíptica E y un punto base G en esa curva.
2. Generación de claves privadas: cada parte elige un número aleatorio secreto, d_A para Alice y d_B para Bob.

3. Cálculo de claves públicas: Alice y Bob calculan sus claves públicas como puntos en la curva:

$$Q_A = d_A \cdot G \text{ y } Q_B = d_B \cdot G$$

4. Intercambio de claves públicas: Alice envía Q_A a Bob y Bob envía Q_B a Alice.

5. Cálculo de la clave compartida: cada parte calcula la clave compartida como otro punto en la curva:

$$S = d_A \cdot Q_B \text{ y } S = d_B \cdot Q_A$$

Resultando en el mismo punto compartido S.

 Sabía que...

En criptografía y ciencias de la computación se suelen utilizar los nombres Alice y Bob para representar a dos partes en una comunicación. Estos nombres se emplean en ejemplos y explicaciones con el fin de facilitar la comprensión de los conceptos.

El origen del uso de Alice y Bob se encuentra en un artículo de 1978 de Ron Rivest, Adi Shamir y Leonard Adleman (creadores del algoritmo RSA), titulado "A Method for Obtaining Digital Signatures and Public-Key Cryptosystems", en el que se utilizaron Alice y Bob como ejemplos de partes que se comunican.

Desde entonces, estos nombres se han convertido en una convención estándar en la literatura sobre criptografía y seguridad de la información. Además, es común ver otros nombres como Carol y Dave para representar a terceros o más partes involucradas en la comunicación.

IKE es un protocolo utilizado para establecer una SA en el contexto de las VPN. IKE facilita el intercambio de claves y la gestión de la seguridad entre dos puntos finales de una VPN. IKE funciona en conjunto con el protocolo IPSec para asegurar las comunicaciones en una red pública. IKE opera en dos fases principales, que se exponen a continuación:

- Fase 1: Establecimiento de un canal seguro:

  - Las partes se autentican entre sí utilizando métodos como certificados digitales o precompartidos.
  - Las partes intercambian información criptográfica para establecer una clave compartida, utilizando algoritmos como DH o ECDH.
  - Se establece un canal seguro (llamado IKE SA), a través del cual se llevarán a cabo las negociaciones de la fase 2.

- Fase 2: Establecimiento de la asociación de seguridad:

  - Las partes acuerdan los parámetros de seguridad específicos para la protección de los datos (cifrado, integridad, etc.).
  - Se crea una o más asociaciones de seguridad (IPSec SA) para proteger los datos que se transmitirán entre los puntos finales.
  - Si es necesario, se intercambian claves adicionales para fortalecer la seguridad de la comunicación.

 Nota

IKE es fundamental para la configuración y el mantenimiento de VPN seguras. Permite a las organizaciones crear túneles cifrados entre oficinas remotas, lo que garantiza que los datos transmitidos a través de internet estén protegidos contra interceptaciones y alteraciones. También se utiliza en aplicaciones de acceso remoto seguro, para permitir a los usuarios conectarse de manera segura a la red de su organización desde ubicaciones externas.

Aplicación práctica

Una empresa va a implementar una **VPN** para permitir a sus empleados acceder de forma segura a la red corporativa desde ubicaciones remotas.

Revise los siguientes pasos, fije el orden correcto y determine a qué fase (fase 1 o fase 2) pertenece cada uno:

I Las partes acuerdan los parámetros específicos de seguridad, como los algoritmos de cifrado y los métodos de integridad que se utilizarán para proteger los datos transmitidos.
I Se crean una o más asociaciones de seguridad *(IPSec Security Associations - IPSec SA)* para asegurar que los datos que se transmitirán entre el cliente y el servidor estén protegidos según los parámetros acordados.
I Ambas partes intercambian información criptográfica mediante el uso del algoritmo DH, para generar una clave compartida que se utilizará para asegurar la comunicación inicial.
I Se establece un canal seguro, conocido como *IKE Security Association* (IKE SA), que permite que las negociaciones posteriores se realicen de forma segura.
I Las dos partes, el cliente VPN y el servidor VPN, se autentican entre sí utilizando certificados digitales proporcionados por una CA confiable.
I Si es necesario, se intercambian claves adicionales para fortalecer aún más la seguridad de la comunicación continua entre las dos partes.

SOLUCIÓN

Autenticación de las partes:
Fase 1: este paso pertenece a la fase 1, ya que es durante esta cuando las partes se autentican mutuamente, utilizando certificados digitales o métodos precompartidos.

Intercambio de información criptográfica:
Fase 1: este paso también es parte de la fase 1, momento en que se intercambia información criptográfica para establecer una clave compartida mediante algoritmos como DH o ECDH.

Establecimiento del canal seguro:
Fase 1: la creación del IKE SA para un canal seguro forma parte de la fase 1, que asegura que las negociaciones de la fase 2 puedan realizarse de forma segura.

Continúa en página siguiente >>

<< Viene de página anterior

Acuerdo sobre parámetros de seguridad:
Fase 2: este paso corresponde a la fase 2, cuando las partes acuerdan los parámetros específicos de seguridad para la protección de los datos.

Creación de las asociaciones de seguridad (IPSec SA):
Fase 2: la creación de las IPSec SA ocurre en la fase 2, que es cuando se establecen las asociaciones de seguridad necesarias para proteger los datos en tránsito.

Intercambio de claves adicionales:
Fase 2: este paso pertenece a la fase 2, momento en que se intercambian claves adicionales si es necesario para fortalecer la seguridad de la comunicación continua.

 Actividades

9. Investigue y analice diferentes casos de uso del protocolo IKE en la configuración de VPN seguras. Destaque cómo se garantiza la protección de datos y la integridad de las comunicaciones en cada caso.
10. ¿Cómo se implementa el protocolo ECDH en las aplicaciones de mensajería instantánea y sistemas de cifrado de correos electrónicos? Explique los beneficios de usar ECDH en estos contextos.

8. Algoritmos criptográficos más frecuentemente utilizados

En estas secciones se presentan los algoritmos simétricos, asimétricos y de *hash* más utilizados.

Nota

En los algoritmos simétricos, también conocidos como de clave privada, se utiliza la misma clave para cifrar y descifrar la información. Esta clave se mantiene en secreto y es esencial tanto para el proceso de cifrado como para el de descifrado.

Por otro lado, los algoritmos asimétricos, denominados también de clave pública, operan con dos claves distintas: una clave pública, que puede compartirse libremente para cifrar los datos, y una clave privada, que se guarda en secreto para realizar el descifrado. Este es el motivo por el cual a estos algoritmos se les llama «de clave pública».

Algoritmos simétricos (clave privada)

Los algoritmos simétricos utilizan la misma clave para cifrar y descifrar los datos, lo que los hace eficientes y fáciles de usar. Aquí se presentan tres de los más conocidos:

- **AES** *(Advanced Encryption Standard):* es un algoritmo de cifrado simétrico adoptado como estándar por el Instituto Nacional de Estándares y Tecnología (NIST) en 2001. Utiliza bloques de 128 bits y permite claves de 128, 192 y 256 bits. AES es conocido por su eficiencia y robustez, lo que lo convierte en el algoritmo de elección para una amplia gama de aplicaciones, desde el cifrado de datos en dispositivos móviles hasta la protección de información en redes empresariales. Su estructura de sustitución-permutación y múltiples rondas de transformación aseguran un alto nivel de seguridad.
- **DES** *(Data Encryption Standard):* fue el estándar de cifrado durante varias décadas después de que se adoptase en 1977. Utiliza una clave de 56 bits y cifra datos en bloques de 64 bits. Aunque DES fue ampliamente utilizado, la capacidad de los ordenadores modernos para realizar ataques de fuerza bruta ha reducido significativamente su seguridad. A pesar de haber quedado obsoleto, DES sigue siendo importante desde una perspectiva histórica y educativa, y algunas aplicaciones heredadas aún lo utilizan.

- **3DES** *(Triple Data Encryption Standard):* fue desarrollado como una mejora de DES para extender su vida útil, ante el aumento de la potencia computacional. Este algoritmo aplica el cifrado DES tres veces a cada bloque de datos, utilizando dos o tres claves diferentes. Aunque 3DES proporciona una seguridad mayor que DES, es menos eficiente que AES, debido a su complejidad computacional. Sin embargo, sigue siendo utilizado en aplicaciones donde la transición a AES no es viable por razones técnicas o de compatibilidad.

Ejemplo

A continuación, se exponen ejemplos detallados de los algoritmos simétricos más utilizados para ilustrar su funcionamiento y aplicaciones.

AES
- Alice quiere enviar un mensaje a Bob utilizando AES con una clave de 128 bits.
- Clave: "claveAES128"
- Mensaje original: "Adiós Bob"
- Mensaje cifrado: "8b1a9953c4611296a827abf8c47804d7"
- Alice envía el mensaje cifrado a Bob, quien usa la misma clave para descifrarlo y obtener el mensaje original.

DES
- Alice y Bob acuerdan usar DES para comunicarse.
- Clave: "claveDES56"
- Mensaje original: "Adiós Bob"
- Mensaje cifrado: "c0d3a2d2f805b5da"
- Alice envía el mensaje cifrado a Bob, quien usa la misma clave para descifrarlo y recuperar el mensaje original.

3DES
- Alice y Bob deciden utilizar 3DES para mayor seguridad.
- Clave1: "clave1"
- Clave2: "clave2"
- Clave3: "clave3"

Continúa en página siguiente >>

<< Viene de página anterior

- Mensaje original: "Adiós Bob"
- Mensaje cifrado: "d4f0a1e3b8c2f5d7e6b3a1d5e2f1a7e4"
- Alice envía el mensaje cifrado a Bob, quien usa las tres claves para descifrarlo y obtener el mensaje original.

Algoritmos asimétricos (clave pública)

Los algoritmos asimétricos, también conocidos como de clave pública, utilizan un par de claves, una pública para cifrar los datos y una privada para descifrarlos. A continuación, se exponen dos de los algoritmos asimétricos más populares:

- **RSA** *(Rivest-Shamir-Adleman):* es uno de los algoritmos de clave pública más utilizados. Se basa en la dificultad de factorizar grandes números primos. Fue desarrollado en 1977 y se utiliza tanto para cifrado como para la creación de firmas digitales. RSA opera con claves de longitud variable (las más comunes son las de 2048 bits; las hay superiores, para asegurar un nivel adecuado de protección). La versatilidad y seguridad de RSA lo hacen esencial en protocolos de seguridad como SSL/TLS, utilizados para proteger comunicaciones en internet.
- **ECC** *(Elliptic Curve Cryptography):* emplea las propiedades matemáticas de las curvas elípticas para ofrecer un cifrado robusto con claves más cortas. Esto resulta en un menor consumo de recursos computacionales y mayor eficiencia en comparación con RSA. Por ejemplo, una clave de 256 bits en ECC proporciona una seguridad comparable a una clave de 3072 bits en RSA. ECC es especialmente útil en dispositivos móviles y aplicaciones que requieran alta seguridad con bajo consumo de energía. Su uso está creciendo en áreas como la seguridad de redes y aplicaciones IoT (internet de las cosas).

Ejemplo

A continuación, se exponen ejemplos detallados de los algoritmos asimétricos más utilizados para ilustrar su funcionamiento y aplicaciones.

RSA
- Bob genera un par de claves, pública y privada.
- Clave pública: "clavePublicaRSA123"
- Clave privada: "clavePrivadaRSA456"
- Mensaje original: "Adiós Bob"
- Mensaje cifrado: "f1a3d7b9c2e6f5d8b7e5a3c2d1b4e8f6"
- Alice cifra el mensaje con la clave pública de Bob y lo envía. Bob usa su clave privada para descifrar el mensaje.

ECC
- Bob genera un par de claves usando ECC.
- Clave pública: "clavePublicaECC123"
- Clave privada: "clavePrivadaECC456"
- Mensaje original: "Adiós Bob"
- Mensaje cifrado: "c6d8a1e2b5f3c4a7d9e1b2a3f6d5c8e4"
- Alice cifra el mensaje con la clave pública de Bob y lo envía. Bob usa su clave privada para descifrar el mensaje.

Algoritmos de *hash*

Los algoritmos de *hash* son herramientas esenciales que transforman una entrada de cualquier tamaño en un valor de tamaño fijo, proporcionando una representación única de los datos originales. Aquí se presentan dos de los más conocidos:

- **SHA-256 *(Secure Hash Algorithm 256-bit)*:** es parte de la familia de algoritmos SHA-2, desarrollados por la NSA. Genera un valor *hash* de 256 bits a partir de una entrada de cualquier tamaño, proporcionando una representación única de los datos originales. SHA-256 es resistente a colisiones, lo que significa que es extremadamente improbable que dos entradas diferentes generen el mismo valor *hash*. Este algoritmo es ampliamente utilizado en aplicaciones que requieren de verificación de integridad de datos, como en las transacciones de criptomonedas, las firmas digitales y los certificados SSL/TLS.

■ **MD5** *(Message Digest Algorithm 5):* fue desarrollado por Ronald Rivest en 1991. Produce un *hash* de 128 bits. Aunque alguna vez fue muy popular, se ha descubierto que es vulnerable a colisiones, o sea, que dos entradas diferentes pueden producir el mismo *hash.* Debido a estas vulnerabilidades, su uso ha disminuido significativamente en aplicaciones de seguridad. No obstante, MD5 sigue siendo utilizado en contextos donde la seguridad no es el factor principal, como en la verificación de integridad de archivos durante transferencias de datos.

Nota

Imagine que posee una caja fuerte. En un sistema de criptografía simétrica, o de clave privada, tanto usted como la persona a la que le envía un mensaje disponen de la misma clave para abrir esa caja fuerte. Ambos deben mantener esa clave en secreto.

En cambio, en un sistema de criptografía asimétrica o de clave pública, la caja fuerte tiene dos llaves distintas: una de ellas, la clave pública, puede ser compartida con cualquiera; la otra llave, la clave privada, la tiene solo usted, y es necesaria para abrir la caja fuerte.

Por último, los algoritmos de *hash* funcionan como una máquina que coge el mensaje, lo mezcla y devuelve un código único. Si se altera el mensaje, aunque sea mínimamente, el código resultante será completamente distinto.

Ejemplo

A continuación, se exponen ejemplos de los algoritmos de *hash* más utilizados para ilustrar su funcionamiento y aplicaciones:

Continúa en página siguiente >>

<< Viene de página anterior

SHA-256

▎ Alice quiere verificar la integridad de un archivo.

▎ Archivo original: "documento_adios.txt".

▎ *Hash* generado: "d7e3b0c44298fc1c149afbf4c8996fb92427ae41e4649b-934ca495991b7852b855".

▎ Bob puede comparar este *hash* con el del archivo recibido para asegurarse de que no ha sido modificado.

MD5

▎ Alice quiere verificar la integridad de un archivo.

▎ Archivo original: "documento_adios.txt".

▎ *Hash* generado: "e4d909c290d0fb1ca068ffaddf22cbd0".

▎ Bob compara este *hash* con el del archivo recibido para asegurarse de que no ha sido modificado durante la transferencia.

 Aplicación práctica

A continuación, se presentan las descripciones de tres algoritmos criptográficos. Basándose en las características aprendidas sobre algoritmos simétricos, asimétricos y de *hash*, identifique a cuál pertenece cada descripción:

a. Algoritmo que utiliza bloques de 128 bits y puede operar con claves de 128, 192 y 256 bits. Es conocido por su eficiencia y robustez. Es ampliamente utilizado en una variedad de aplicaciones, que van desde dispositivos móviles hasta redes empresariales. Su estructura de sustitución-permutación y múltiples rondas de transformación aseguran un alto nivel de seguridad.

b. Algoritmo de clave pública que se basa en la dificultad de factorizar grandes números primos. Se usa tanto para cifrado como para la creación de firmas digitales. Las claves de longitud variable, comúnmente de 2048 bits y superiores, garantizan un nivel adecuado de protección. Su versatilidad y seguridad lo hacen esencial en protocolos como SSL/TLS para proteger comunicaciones en internet.

c. Algoritmo que genera un valor de 256 bits a partir de una entrada de cualquier tamaño, proporcionando una representación única de los datos originales. Es resistente a colisiones: resulta extremadamente improbable que dos entradas diferentes generen

Continúa en página siguiente >>

<< Viene de página anterior

el mismo valor *hash*. Es ampliamente utilizado en aplicaciones que requieren verificación de integridad de datos, como en transacciones de criptomonedas, firmas digitales y certificados SSL/TLS.

SOLUCIÓN

a. Algoritmo simétrico: AES.
b. Algoritmo asimétrico: RSA.
c. Algoritmo de *hash:* SHA-256.

 Actividades

11. Realice un análisis comparativo entre SHA-256 y MD5, destacando sus características, aplicaciones y vulnerabilidades.
12. Investigue la evolución de los algoritmos de *hash* desde MD5 hasta SHA-256 y más allá. Redacte un informe que detalle los avances tecnológicos y las mejoras en seguridad que han llevado al desarrollo de algoritmos de *hash* más robustos y seguros.
13. Investigue y explique cómo se utiliza el algoritmo SHA-256 en las transacciones de criptomonedas, específicamente en el contexto de bitcoin.

---

9. Elementos de los certificados digitales, los formatos comúnmente aceptados y su utilización

Los certificados digitales son documentos electrónicos que contienen varios campos específicos, necesarios para su funcionamiento. Cada uno de estos tiene un propósito claro y contribuye a la seguridad y verificación de la identidad del propietario del certificado. Los campos comunes de un certificado digital incluyen:

■ **Versión:** indica la versión del estándar X.509 al que se adhiere el certificado. Esto es importante para la compatibilidad y el manejo correcto del certificado por parte de los sistemas que lo utilizan.

- **Número de serie:** es un identificador único asignado por la CA al certificado. Este número ayuda a rastrear y gestionar los certificados emitidos.
- **Algoritmo de firma:** especifica el algoritmo criptográfico utilizado por la CA para firmar el certificado. Comúnmente se utilizan algoritmos como RSA y ECC.
- **Emisor:** es una identidad de la autoridad de certificación que emitió el certificado. Incluye información como el nombre de la CA, su país y otros detalles relevantes.
- **Validez:** define el período durante el cual el certificado es válido. Esto incluye una fecha de inicio y una de expiración.
- **Sujeto:** es la identidad del propietario del certificado. Puede incluir un nombre, una dirección de correo electrónico, el nombre de una organización y otros datos que identifiquen a esa persona.
- **Clave pública:** contiene la clave pública del sujeto del certificado. Esta clave se utiliza para cifrar datos y verificar firmas digitales.
- **Identificador del emisor y del sujeto:** incluyen identificadores únicos para la CA emisora y el sujeto del certificado. Esto ayuda a evitar confusiones entre diferentes entidades.
- **Extensiones:** son campos opcionales que pueden agregar información adicional al certificado, como permisos específicos, limitaciones y otros atributos personalizados.

X.509 es el estándar más utilizado para la estructura de los certificados digitales. Define la sintaxis para los certificados y las CRL. Los certificados X.509 se emplean en una amplia variedad de aplicaciones, incluyendo TLS/SSL, firmas digitales, etc.

 **Ejemplo**

Imagine que un servidor web quiere configurar HTTPS. Utiliza un certificado X.509 para asegurar las comunicaciones con los clientes. Este certificado incluye información sobre la identidad del servidor y la clave pública necesaria para establecer una conexión segura.

PEM es un formato que codifica los certificados en Base64 y los encapsula entre etiquetas específicas ("-----BEGIN CERTIFICATE-----" y "-----END CERTIFICATE-----").

Definición

Base64
Es un método de codificación que convierte datos binarios (como archivos o datos) en una representación textual. Este método utiliza un conjunto de 64 caracteres ASCII (letras mayúsculas y minúsculas, dígitos y algunos símbolos como + y /) para representar datos binarios.

Este formato es ampliamente utilizado en aplicaciones web y correos electrónicos, debido a su legibilidad y facilidad de uso. Los archivos PEM pueden contener tanto certificados como claves privadas. Se utilizan comúnmente en servidores web para configurar HTTPS.

Ejemplo

Por ejemplo, un certificado X.509 en formato PEM podría verse así:

```
-----BEGIN CERTIFICATE-----
MIIDdzCCAl+gAwIBAgIEUj0xADANBgkqhkiG9w0BAQsFADBvMQswCQYDVQQGEwJV
...
vIw==
-----END CERTIFICATE-----
```

DER es un formato binario para certificados que sigue reglas estrictas de codificación. A diferencia de PEM, los archivos DER no están codificados en Base64 y son más compactos. Este formato es preferido en aplicaciones en las cuales la eficiencia de almacenamiento y transmisión es importante. Los archivos DER suelen tener extensiones como .der o .cer.

Los certificados digitales desempeñan un papel esencial en la seguridad de la información. Se utilizan en diversas aplicaciones para garantizar la autenticidad, integridad y confidencialidad de las comunicaciones y transacciones. Algunas características de los certificados digitales son las siguientes:

- Los certificados digitales son esenciales para establecer conexiones seguras a través de protocolos TLS/SSL. Estos certificados permiten la autenticación mutua entre servidores y clientes, asegurando que los datos transmitidos estén cifrados y protegidos contra interceptaciones. En España es común usar certificados SSL en sitios web de comercio electrónico, banca en línea y servicios gubernamentales, para proteger la información sensible de los usuarios.
- Los certificados digitales permiten la creación de firmas digitales que garantizan la autenticidad e integridad de documentos y mensajes electrónicos. En el contexto de España, las firmas digitales son ampliamente utilizadas en procesos administrativos y legales, facilitando la firma de contratos, la presentación de declaraciones fiscales y otros trámites burocráticos de manera segura y eficiente.
- Los certificados digitales se utilizan para autenticar usuarios y dispositivos en redes y sistemas informáticos. Esto es fundamental en entornos corporativos y gubernamentales para asegurar que solo los usuarios autorizados tengan acceso a recursos críticos. Las PKI gestionan la emisión y verificación de estos certificados, proporcionando una capa adicional de seguridad.
- Las aplicaciones de correo electrónico seguro utilizan certificados digitales para cifrar y firmar correos electrónicos. Esto asegura que solo los destinatarios previstos puedan leer el contenido del mensaje y que cualquier alteración en el mensaje sea detectable. Algunas herramientas, como S/MIME *(Secure/Multipurpose Internet Mail Extensions)* implementan estos certificados para proteger las comunicaciones de correo electrónico.

- En las VPN, los certificados digitales se emplean para autenticar los dispositivos y establecer canales de comunicación seguros entre redes. Esto es especialmente relevante en el contexto del teletrabajo, donde se requiere que los empleados accedan a la red corporativa desde ubicaciones remotas de manera segura.

10. Elementos fundamentales de las funciones resumen y los criterios para su utilización

Las funciones resumen, también conocidas como funciones *hash,* son algoritmos que transforman un conjunto de datos de cualquier tamaño en un valor fijo de longitud específica, denominado valor *hash* o *digest.* El propósito principal de las funciones *hash* es garantizar la integridad de los datos y facilitar la comparación eficiente de grandes conjuntos de información.

Una función *hash* toma una entrada (o mensaje) y produce una salida (o resumen) de longitud fija. Este proceso es determinístico, lo que significa que la misma entrada siempre producirá el mismo resumen. Las funciones *hash* se utilizan ampliamente en la seguridad de la información para verificar la integridad de los datos, generar firmas digitales y proteger contraseñas.

Para que una función *hash* sea eficaz en aplicaciones de seguridad, debe poseer ciertas características clave:

- **Resistencia a colisiones:** una función *hash* es resistente a colisiones si es difícil encontrar dos entradas diferentes que produzcan el mismo valor *hash.* La resistencia a colisiones es fundamental para prevenir ataques en los que un atacante intente encontrar dos mensajes diferentes con el mismo resumen.
- **Resistencia a preimagen:** una función *hash* tiene resistencia a preimagen si es difícil deducir la entrada original a partir del valor *hash.* Esta característica es esencial para proteger contraseñas y otros datos sensibles, pues asegura que un atacante no pueda revertir el proceso de *hashing* para obtener la información original.
- **Resistencia a segunda preimagen:** una función *hash* es resistente a segunda preimagen si es difícil encontrar una segunda entrada que

produzca el mismo valor *hash* que una entrada conocida. Esta característica ayuda a evitar que un atacante pueda encontrar otra entrada válida que coincida con un valor *hash* específico, lo cual es importante para la autenticidad de los mensajes y la integridad de los datos.

Al elegir y utilizar una función *hash* en aplicaciones de seguridad, se deben considerar varios criterios para asegurar que se cumplan los requisitos de integridad y protección de datos:

- **Nivel de seguridad:** es fundamental evaluar el nivel de seguridad que proporciona la función *hash*. SHA-256 es preferido en aplicaciones donde se requiere alta seguridad, debido a su resistencia a colisiones y preimagen. En contraste, MD5 no debe utilizarse en aplicaciones en las que la seguridad es crítica, debido a sus vulnerabilidades conocidas.
- **Rendimiento:** el rendimiento de la función *hash* es un factor importante, especialmente en aplicaciones que requieren de un procesamiento rápido de grandes volúmenes de datos. SHA-256, aunque más seguro, puede ser más lento que MD5. Es necesario equilibrar seguridad y eficiencia según las necesidades específicas de la aplicación.
- **Compatibilidad:** en algunos casos, la compatibilidad con sistemas y protocolos existentes puede influir en la elección de la función *hash*. Es importante asegurar que la función *hash* seleccionada sea compatible con los estándares y las tecnologías utilizadas en el entorno de implementación.
- **Actualización y mantenimiento:** las funciones *hash* deben ser actualizadas y mantenidas para asegurar que continúan proporcionando la seguridad necesaria frente a nuevas amenazas. Es recomendable estar informado sobre los avances y vulnerabilidades en criptografía para adoptar las funciones *hash* más seguras y eficientes a medida que se desarrollan.

Actividades

14. Realice una comparación entre las funciones *hash* más comunes, como SHA-256 y MD5, evaluando su resistencia a colisiones, preimagen y segunda preimagen. Proporcione

Continúa en página siguiente >>

<< Viene de página anterior

ejemplos concretos donde cada función sería apropiada o inapropiada. Justifique su elección.

15. ¿Por qué es importante considerar el rendimiento de una función *hash* al seleccionarla para aplicaciones que procesan grandes volúmenes de datos?

16. ¿Cómo influyen las necesidades de compatibilidad en la elección de una función *hash* para sistemas y protocolos específicos?

---

11. Requerimientos legales incluidos en la Ley 59/2003, de 19 de diciembre, de firma electrónica. Reglamento (UE) n.º 910/2014

La Ley 59/2003, de 19 de diciembre, de firma electrónica, ha sido derogada. Actualmente, la normativa aplicable en España es el Reglamento (UE) n.º 910/2014 del Parlamento Europeo y del Consejo, de 23 de julio de 2014, relativo a la identificación electrónica y los servicios de confianza para las transacciones electrónicas en el mercado interior (Reglamento eIDAS). A continuación, se detallan los aspectos clave de esta legislación vigente.

El Reglamento eIDAS establece un marco legal para el uso de la firma electrónica y otros servicios de confianza en la Unión Europea, con el objetivo de garantizar la seguridad y la validez jurídica de las transacciones electrónicas.

El Reglamento eIDAS distingue entre tres tipos de firmas electrónicas:

- **Firma electrónica simple:** datos en formato electrónico anejos a otros datos electrónicos utilizados por el firmante para firmar.
- **Firma electrónica avanzada:** aquella que cumple con los requisitos de:

  - Estar vinculada al firmante de manera única.
  - Permitir la identificación del firmante.
  - Ser creada utilizando datos de creación de firma que el firmante puede usar con un alto nivel de confianza bajo su control exclusivo.
  - Estar vinculada a los datos firmados, de manera que cualquier modificación posterior de los datos sea detectable.

- **Firma electrónica cualificada:** una firma electrónica avanzada basada en un certificado cualificado de firma electrónica y creada mediante un dispositivo cualificado de creación de firmas. Se considera legalmente equivalente a la firma manuscrita.

El Reglamento eIDAS regula la emisión y gestión de certificados electrónicos, necesarios para crear firmas electrónicas avanzadas y cualificadas. Los certificados deben ser emitidos por prestadores de servicios de confianza cualificados, quienes deben cumplir con estrictos estándares de seguridad y están sujetos a supervisión.

El reglamento define las obligaciones y responsabilidades de los PSC, que incluyen la emisión, gestión y revocación de certificados electrónicos. Los PSC deben cumplir con estándares de seguridad establecidos y están sujetos a auditorías y controles periódicos.

Las firmas electrónicas cualificadas tienen la misma validez y efectos jurídicos que las firmas manuscritas en toda la Unión Europea, promoviendo así la confianza y la interoperabilidad de las transacciones electrónicas.

El Reglamento eIDAS incluye disposiciones sobre la protección de datos personales y la seguridad de los sistemas y dispositivos utilizados para la creación y verificación de firmas electrónicas. Se enfatiza la importancia de proteger los datos del firmante y de garantizar la integridad y la confidencialidad de las transacciones electrónicas.

Los requisitos para la validez de una firma electrónica según el Reglamento eIDAS son los siguientes:

- **Identificación del firmante:** la firma electrónica debe ser capaz de identificar al firmante de manera única, utilizando certificados electrónicos que contengan la clave pública del firmante y otros datos de identificación.
- **Integridad del documento:** la firma electrónica debe asegurar que cualquier alteración en el documento firmado sea detectable mediante el uso de algoritmos de *hash* y cifrado, que garanticen la integridad del contenido.

- **Control exclusivo del firmante:** la firma electrónica debe ser creada utilizando un medio que el firmante pueda mantener bajo su control exclusivo, como un dispositivo cualificado de creación de firmas.
- **Certificado cualificado:** para que una firma electrónica sea considerada cualificada y tenga la misma validez que una firma manuscrita, debe estar basada en un certificado cualificado emitido por un PSC cualificado.
- **Dispositivo cualificado de creación de firmas:** el dispositivo utilizado para crear la firma debe cumplir con los requisitos de seguridad establecidos por el reglamento, asegurando que la clave privada del firmante no pueda ser copiada o utilizada por terceros.
- **Revocación y gestión de certificados:** los certificados electrónicos deben poder ser revocados en caso de pérdida, robo o compromiso de la clave privada. Los PSC deben mantener CRL accesibles para verificar la validez de los certificados.

El Reglamento eIDAS establece estándares y requisitos que deben cumplirse para garantizar la validez y seguridad de las firmas electrónicas y certificados digitales, promoviendo el uso de PKI para la emisión y gestión de certificados digitales. Se enfatiza el uso de algoritmos criptográficos robustos y seguros, como funciones *hash* seguras (por ejemplo, SHA-256) y algoritmos de cifrado (por ejemplo, RSA y ECC).

El reglamento también facilita la interoperabilidad de las firmas electrónicas y certificados digitales entre diferentes jurisdicciones, promoviendo la confianza y el reconocimiento mutuo de las transacciones electrónicas a nivel internacional. Además, se asegura la supervisión y acreditación de los PSC, garantizando que cumplan con los estándares de seguridad y operen de manera confiable.

 Nota

La implementación de sistemas criptográficos debe cumplir con las disposiciones de protección de datos personales establecidas en la normativa aplicable, asegurando que los datos de los firmantes sean manejados de manera segura y confidencial.

12. Elementos fundamentales de la firma digital, los distintos tipos de firma y los criterios para su utilización

La firma digital es un mecanismo de criptografía que facilita la confirmación de la autenticidad y la integridad de una transacción, mensaje o documento electrónico. A diferencia de una firma manuscrita, una firma digital se genera mediante algoritmos matemáticos y claves criptográficas, para proporcionar un mayor nivel de seguridad.

El funcionamiento de la firma digital es el siguiente:

1. **Generación de claves:** el proceso comienza con la creación de un par de claves criptográficas, una privada y una pública. La clave privada se mantiene en secreto y se utiliza para firmar los documentos, mientras que la pública se distribuye y se utiliza para verificar la firma.
2. **Creación de la firma:** para firmar un documento se aplica una función *hash* al contenido del documento, lo que genera un resumen *(hash)* de este. Este resumen se cifra utilizando la clave privada del firmante y se crea así la firma digital. La firma digital es única para cada documento y firmante.
3. **Verificación de la firma:** el receptor del documento utiliza la clave pública del firmante para descifrar la firma digital y obtener el resumen original del documento. Luego, aplica la misma función *hash* al documento recibido. Si el resumen generado coincide con el descifrado, se confirma la autenticidad y la integridad del documento.

A continuación, se presenta una tabla que resume los diferentes tipos de firmas digitales, sus descripciones, cuándo utilizarlas y cómo implementarlas.

Tipo de firma	Descripción	Cuándo usar	Cómo usar
Firma simple	Datos electrónicos utilizados como método de autenticación, como PIN, contraseña o imagen escaneada de una firma manuscrita. Fácil de implementar, ofrece un nivel básico de seguridad.	Transacciones de bajo riesgo. Comunicaciones internas no críticas. Accesos a sistemas que no manejan información sensible.	Implementación de contraseñas o PIN. Uso de imágenes escaneadas de firmas manuscritas. Aplicaciones de autenticación básica en correos electrónicos.
Firma avanzada	Cumple con requisitos adicionales para mayor seguridad: identificación del firmante, control exclusivo del firmante, integridad del documento. Utilizada en situaciones que requieren una autenticación más fuerte, como contratos legales y documentos empresariales.	Firmar contratos y acuerdos comerciales. Transacciones financieras moderadas. Comunicaciones electrónicas que requieren una autenticación confiable.	Empleo de certificados digitales emitidos por una autoridad de certificación. Implementación de autenticación multifactor. Uso en plataformas de firma electrónica avanzada *(Adobe Sign)*.
Firma cualificada	El tipo de firma más seguro. Basada en un certificado cualificado emitido por una entidad acreditada y creada mediante un dispositivo seguro de creación de firmas *(token* criptográfico). Tiene la misma validez legal que una firma manuscrita en la Unión Europea.	Contratos legales con implicaciones significativas. Presentación de documentos oficiales ante entidades gubernamentales. Procesos judiciales y notariales.	Utilización de dispositivos seguros de creación de firmas *(tokens* USB, tarjetas inteligentes). Empleo de certificados cualificados emitidos por autoridades acreditadas. Cumplimiento de estándares eIDAS de la UE.

 Aplicación práctica

María es la directora de una empresa de servicios legales y tecnológicos. En su día a día necesita gestionar diferentes tipos de documentos y transacciones, desde comunicaciones internas hasta contratos legales complejos. Recientemente ha decidido implementar firmas digitales para mejorar la seguridad y la eficiencia en la gestión de

Continúa en página siguiente >>

<< Viene de página anterior

documentos. A continuación, se describen tres escenarios específicos. ¿Qué tipo de firma debe seleccionar María en cada uno de ellos?

a. María necesita enviar un memo interno a todos los empleados de la empresa recordándoles la política de uso de correo electrónico corporativo. La comunicación es de bajo riesgo y no contiene información sensible. Se necesita una solución rápida y fácil de implementar.

b. María está firmando un contrato comercial con un nuevo proveedor. El contrato implica compromisos financieros moderados y requiere de una autenticación más fuerte para asegurar que ambas partes confirmen su identidad. Se necesita un nivel de autenticación confiable y la garantía de que el documento no sea alterado.

c. María debe presentar un documento oficial ante una entidad gubernamental que tiene implicaciones legales significativas para la empresa. La presentación requiere de la máxima seguridad y validez legal. Es imprescindible que la firma tenga la misma validez legal que una firma manuscrita y cumpla con los estándares más altos de seguridad.

SOLUCIÓN

a. Firma simple
b. Firma avanzada
c. Firma cualificada

 **Actividades**

17. Elabore una tabla comparativa donde clasifique ejemplos específicos de documentos y transacciones que utilizarían firma simple, firma avanzada y firma cualificada. Explique brevemente por qué cada tipo de firma es apropiado para cada ejemplo.

---

13. Criterios para la utilización de técnicas de cifrado de flujo y de bloque

En el cifrado de bloque los datos se dividen en bloques de tamaño fijo y cada uno se cifra por separado utilizando la misma clave criptográfica. Este enfoque asegura que los datos sean transformados en unidades manejables y uniformes, lo que facilita tanto el cifrado como el descifrado.

AES es uno de los algoritmos de cifrado de bloque más utilizados y reconocidos. Utiliza bloques de 128 bits y admite claves de 128, 192 y 256 bits. AES es conocido por su robustez y eficiencia, y se emplea en una amplia gama de aplicaciones, desde la protección de datos personales hasta la seguridad de redes y comunicaciones.

DES fue el estándar de cifrado durante varias décadas, antes de ser reemplazado por AES. Utiliza bloques de 64 bits y una clave de 56 bits. Aunque ya no se considera seguro debido a su vulnerabilidad a ataques de fuerza bruta, DES sigue siendo relevante desde una perspectiva histórica y educativa.

El cifrado de flujo es una técnica de cifrado que procesa los datos como una corriente continua, toma los bits o bytes de forma individual en lugar de hacerlo en bloques. Este método es especialmente útil para aplicaciones en las que se requiere cifrar datos en tiempo real o en situaciones donde los tamaños de los datos son variables.

RC4 *(Rivest Cipher 4)* es uno de los algoritmos de cifrado de flujo más conocidos. Es un cifrador de flujo de clave simétrica que opera sobre bytes individuales. A pesar de su popularidad, se han descubierto varias vulnerabilidades en él, con lo que su uso ha disminuido en favor de algoritmos más seguros.

A continuación, se establece una comparación de ambos enfoques, exponiendo sus ventajas y desventajas:

- Ventajas del cifrado de bloque:

  - Los algoritmos de cifrado de bloque como AES proporcionan una alta seguridad, ya que están diseñados para resistir una amplia variedad de ataques criptográficos.
  - Trabajar con bloques de tamaño fijo facilita la implementación y el análisis del algoritmo.

▪ Los algoritmos de cifrado de bloque son ampliamente aceptados y utilizados en muchas aplicaciones industriales y gubernamentales, pues garantizan la interoperabilidad y el cumplimiento de estándares.

■ Desventajas del cifrado de bloque:

▪ El cifrado de bloque puede no ser ideal para aplicaciones que requieren de procesamiento en tiempo real, debido a la necesidad de trabajar con bloques completos antes de continuar.

▪ La necesidad de manejar bloques de tamaño fijo puede resultar ineficiente cuando se trabaja con datos de tamaños variables, pues requieren de relleno *(padding)* adicional.

■ Ventajas del cifrado de flujo:

▪ El cifrado de flujo es adecuado para aplicaciones que necesitan cifrar datos en tiempo real, como las comunicaciones en vivo.

▪ Manejar datos de tamaños variables es más eficiente con el cifrado de flujo, ya que no se requiere relleno adicional.

■ Desventajas del cifrado de flujo:

▪ Algunos algoritmos de cifrado de flujo, como RC4, han mostrado vulnerabilidades que comprometen su seguridad.

▪ La seguridad del cifrado de flujo depende en gran medida de la clave y del estado inicial. Cualquier repetición o predicción del estado inicial puede comprometer la seguridad del cifrado.

Algunos de los criterios de selección que tener en cuenta son los siguientes:

■ **Aplicaciones en tiempo real:** las aplicaciones que necesitan cifrado en tiempo real, como las transmisiones de audio y video, se benefician más del cifrado de flujo.

■ **Seguridad:** para aplicaciones que requieren un alto nivel de seguridad, como la protección de datos almacenados o las transacciones financieras, el cifrado de bloque, especialmente AES, es preferible.

- **Flexibilidad con el tamaño de datos:** si los datos son de tamaño variable y la eficiencia es una prioridad, el cifrado de flujo puede ser más adecuado.
- **Compatibilidad y estándares:** en contextos donde la compatibilidad con estándares internacionales y la interoperabilidad son esenciales, los algoritmos de cifrado de bloque son generalmente la mejor opción.

Aplicación práctica

Una empresa de medios digitales está desarrollando una plataforma para la transmisión de vídeo en vivo, destinada a eventos en tiempo real como conciertos, conferencias y deportes. El sistema debe garantizar que el contenido transmitido esté cifrado, para protegerlo contra accesos no autorizados, sin comprometer la calidad o la fluidez de la transmisión. La empresa debe decidir entre utilizar un algoritmo de cifrado de bloque o un algoritmo de cifrado de flujo para asegurar las transmisiones de vídeo. La empresa necesita una solución que proporcione cifrado en tiempo real, sea eficiente y no añada latencia significativa durante la transmisión, y maneje datos de tamaño variable sin necesidad de relleno adicional.

¿Qué tipo de cifrado (de bloque o de flujo) debería seleccionar la empresa para la transmisión de vídeo en vivo? Justifique su respuesta.

SOLUCIÓN

La empresa debería seleccionar **cifrado de flujo** para la transmisión de vídeo en vivo. El cifrado de flujo es más adecuado para aplicaciones que requieren cifrado en tiempo real, como las transmisiones de vídeo en vivo, ya que cifra los datos como una corriente continua sin necesidad de esperar a que se complete un bloque.

14. Protocolos de intercambio de claves

Los protocolos de intercambio de claves son fundamentales para establecer comunicaciones seguras en redes abiertas, pues permiten que dos partes acuerden una clave secreta compartida sin que una tercera la intercepte, incluso si el intercambio ocurre en un canal inseguro. Los principales protocolos de intercambio de claves incluyen Diffie-Hellman (DH), *Elliptic Curve Diffie-Hellman* (ECDH) e *Internet Key Exchange* (IKE).

DH fue introducido en 1976 y es uno de los primeros métodos para el intercambio seguro de claves. Permite que dos partes generen una clave compartida, utilizando un secreto privado que nunca se transmite por el canal inseguro. Por su parte, ECDH es una variante que utiliza criptografía de curva elíptica y proporciona la misma seguridad que DH, pero con claves más cortas y eficientes, ideal para dispositivos con recursos limitados. IKE se utiliza principalmente en la configuración de VPN, permite la negociación de parámetros de seguridad y el intercambio seguro de claves, y funciona en conjunto con IPSec para asegurar las comunicaciones en una red.

El protocolo DH se implementa en varias fases. Primero, ambas partes acuerdan un número primo grande y una base, que se utilizan como parámetros públicos. Cada parte selecciona un número aleatorio secreto (clave privada) y calcula su clave pública. Las claves públicas se intercambian y luego cada parte utiliza la clave pública recibida junto con su propia clave privada para calcular la clave compartida. Este proceso asegura que ambas partes lleguen al mismo valor de clave compartida sin que el valor privado se transmita.

ECDH sigue un proceso similar, pero utiliza puntos en una curva elíptica en lugar de números primos y exponenciación modular. Las claves privadas se eligen de forma aleatoria y las públicas se calculan como puntos en la curva elíptica. Tras el intercambio de claves públicas, ambas partes calculan la clave compartida, utilizando su clave privada y la pública de la otra parte, resultando en un mismo punto compartido en la curva.

IKE opera en dos fases principales. En la primera fase, las partes se autentican entre sí y generan una clave compartida mediante DH o ECDH, con lo que se establece un canal seguro conocido como IKE SA. En la segunda fase, negocian los parámetros de seguridad específicos para proteger los datos y establecen las IPSec SA para cifrar y autenticar los datos transmitidos.

DH se utiliza en el protocolo TLS *(Transport Layer Security)* para establecer claves compartidas en conexiones HTTPS, asegurando que las comunicaciones entre navegadores web y servidores sean cifradas y protegidas contra cualquier interceptación. También se implementa en *PGP (Pretty Good Privacy)* para cifrar correos electrónicos y garantizar que solo el destinatario previsto pueda leer el contenido.

ECDH se emplea en aplicaciones de mensajería segura como *WhatsApp* y *Signal,* en las cuales la eficiencia y la seguridad son esenciales, debido a las limitaciones de recursos de los dispositivos móviles. También se utiliza en dispositivos IoT para establecer comunicaciones seguras, asegurando que los datos transmitidos entre dispositivos sean protegidos contra ataques.

IKE es fundamental para la configuración de VPN. Permite a organizaciones crear túneles cifrados seguros entre ubicaciones remotas y garantiza que los datos transmitidos a través de internet sean protegidos contra accesos no autorizados. Además, se utiliza para permitir a los empleados acceder de manera segura a la red corporativa desde ubicaciones remotas, protegiendo la información sensible contra interceptaciones durante el tránsito.

 Actividades

18. Realice un análisis comparativo entre los protocolos DH, ECDH e IKE, destacando sus características, ventajas, desventajas y aplicaciones prácticas en seguridad de redes.
19. Investigue cómo se implementa el protocolo IKE en la configuración de las VPN para asegurar la transmisión de datos.

15. Uso de herramientas de cifrado tipo *PGP, GPG* o *Cryptoloop*

PGP (Pretty Good Privacy) y *GPG (Gnu Privacy Guard)* todavía se utilizan hoy. *Cryptoloop* se usa en algunos contextos aún, pero se ha ido sustituyendo por su sucesor, *dm-crypt*.

PGP fue desarrollado por Phil Zimmermann en 1991 como una herramienta para proporcionar privacidad y seguridad en las comunicaciones electrónicas. Su lanzamiento marcó un hito en la criptografía, al hacer accesible a cualquier usuario una potente herramienta de cifrado, algo que hasta entonces estaba limitado principalmente a entidades gubernamentales y grandes corporaciones.

PGP combina el uso de criptografía de clave simétrica y asimétrica para proporcionar una solución de cifrado completa. Los mensajes se cifran utilizando una clave simétrica, que luego se cifra con la clave pública del destinatario. Este enfoque permite la seguridad de la clave simétrica sin la necesidad de un canal seguro para su transmisión. *PGP* también incluye firmas digitales, que permiten verificar la autenticidad e integridad del mensaje:

Sus características fundamentales son las siguientes:

- **Criptografía híbrida:** combina cifrado de clave simétrica y asimétrica.
- **Firmas digitales:** proporciona autenticidad y no repudio.
- **Compresión:** los datos se comprimen antes de ser cifrados para mejorar la eficiencia.

PGP es ampliamente utilizado para cifrar correos electrónicos y archivos. En la práctica, permite que los usuarios envíen correos electrónicos cifrados que solo el destinatario previsto puede leer, así como archivos que requieren de protección contra accesos no autorizados. Su implementación se encuentra en herramientas de correo electrónico como *Microsoft Outlook* y *Thunderbird*, y en aplicaciones de cifrado de archivos.

Encryptomatic Open PGP es un complemento gratuito que se puede usar con *Microsoft Outlook*. Este complemento agrega una fuerte encriptación de correo electrónico a la barra de herramientas de *Outlook*. Para descargarlo e instalarlo habrá que seguir el proceso que se expone a continuación:

1. Descargar e instalar *Encryptomatic Open PGP* en:

https://redirectoronline.com/mf04890101

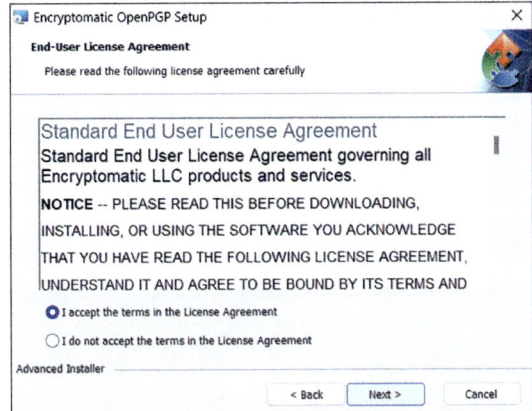

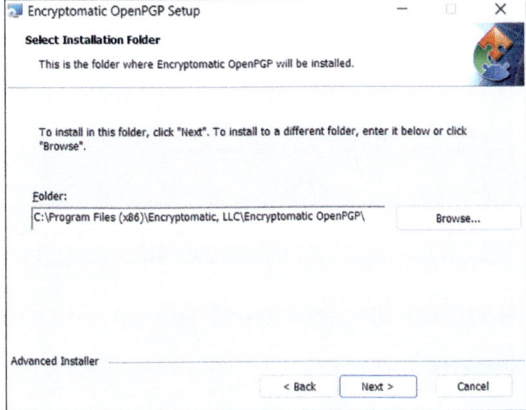

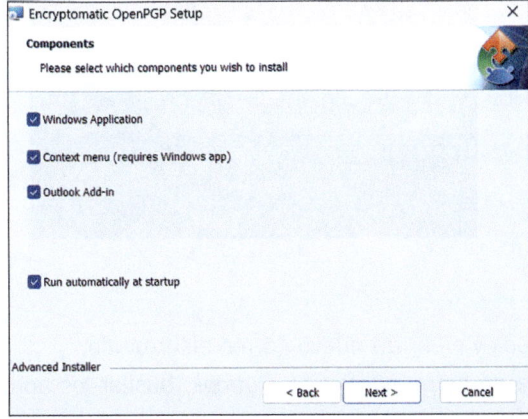

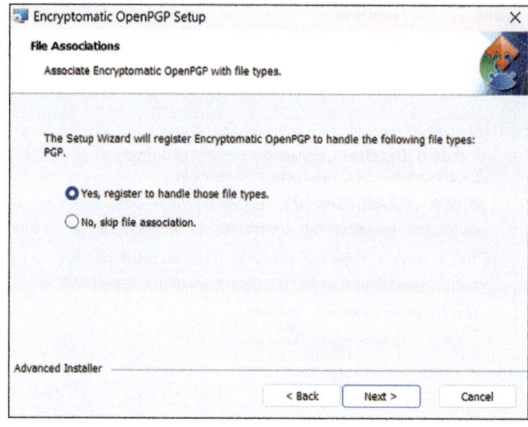

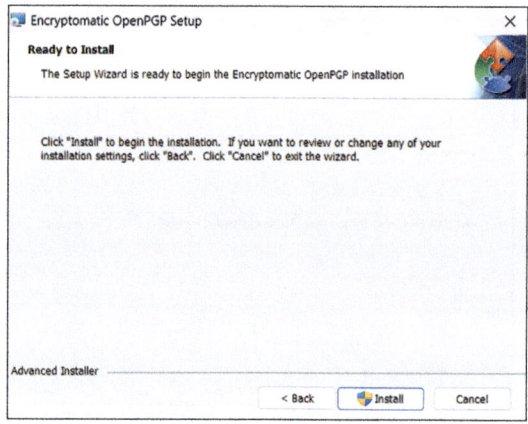

2. Abrir *Outlook* y crear un nuevo correo electrónico.

3. En la barra de herramientas de *Outlook*, buscar los botones de *Encryptomatic Open PGP.*

4. Seleccionar el botón **Encrypt.**

5. Escribir el mensaje y hacer clic en **Enviar.** El mensaje será cifrado y luego enviado al destinatario.

GPG es una implementación libre y gratuita del estándar *OpenPGP*, desarrollado como parte del proyecto GNU. *GPG* ofrece una alternativa de código abierto a *PGP*, con varias diferencias clave:

- **Licencia:** *GPG* se distribuye bajo la licencia *GNU General Public License* (GPL), lo que permite su uso, modificación y distribución gratuita.
- **Compatibilidad:** *GPG* es compatible con *PGP*, lo que permite la interoperabilidad entre usuarios de ambas herramientas.
- **Modularidad:** *GPG* está diseñado para ser modular, permite la integración con diversas aplicaciones y servicios.

GPG se utiliza para cifrar archivos, correos electrónicos, y para asegurar la integridad de los paquetes de *software*. Herramientas como *Kleopatra* y *Seahorse* proporcionan interfaces gráficas que facilitan su uso, incluso para usuarios sin conocimientos técnicos avanzados. A continuación, se describe el proceso para cifrar un correo electrónico en *Microsoft Outlook* utilizando *Kleopatra* y el complemento *GpgOL:*

1. Iniciar *Microsoft Outlook* como se hace normalmente para redactar correos electrónicos.
2. Escribir el correo electrónico en el campo correspondiente.
3. En la sección *Mensaje* hacer clic en **Más opciones** (representado por tres puntos):

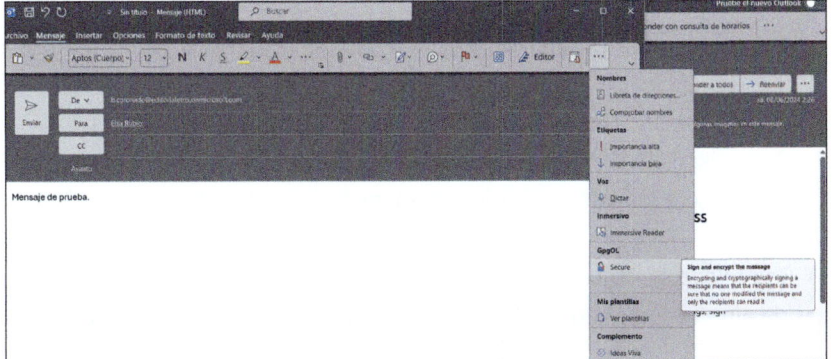

4. En *GpgOL,* seleccionar la opción **Secure.**

5. En el submenú que se despliega, elegir **Encrypt** para cifrar el mensaje y todos los archivos adjuntos antes de enviarlo:

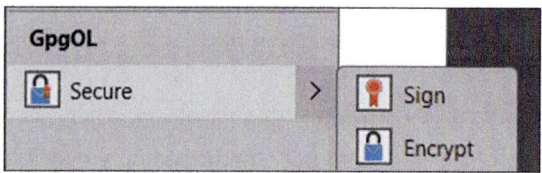

6. Una vez cifrado, proceder a enviar el correo electrónico como se hace normalmente.

7. El destinatario necesitará su clave privada y la frase de contraseña para descifrar y leer el mensaje.

Cryptoloop es una tecnología en *Linux* que permite el cifrado de dispositivos de almacenamiento. Proporciona una capa de seguridad para proteger los datos almacenados en discos duros, discos SSD y otros medios de almacenamiento. Utiliza el marco del *loopback device,* que permite a un archivo o dispositivo regular ser utilizado como un dispositivo de bloque.

Cryptoloop opera cifrando bloques de datos antes de que se escriban en el dispositivo de almacenamiento y descifrando bloques de datos cuando se leen. Este proceso es transparente para el usuario y las aplicaciones, permitiendo que el sistema operativo maneje los datos cifrados como si fueran datos sin cifrar. El proceso consiste en lo siguiente:

1. Se configura un archivo de imagen o una partición de disco como un dispositivo *loopback.*

2. Se especifica un algoritmo de cifrado (como AES) y una clave.

3. El dispositivo cifrado se monta en el sistema de archivos, permitiendo el acceso a los datos cifrados de manera transparente.

Cryptoloop se utiliza para proteger datos sensibles en discos duros y unidades de almacenamiento externas. Es ideal para proteger la información en caso de pérdida o robo del dispositivo. Su implementación es común en servidores y estaciones de trabajo que manejen datos confidenciales.

El siguiente ejemplo muestra cómo configurar y usar *Cryptoloop* en un sistema *Linux* para cifrar un archivo de imagen como un dispositivo *loopback*. Este ejemplo asume que se está usando una distribución de *Linux* con las herramientas necesarias instaladas:

1. Primero, crear un archivo de imagen que actuará como un disco virtual cifrado. Aquí, se creará un archivo de 100 MB:

```
dd if=/dev/zero of=/home/usuario/disco_cifrado.img bs=1M count=100
```

2. Asociar el archivo de imagen a un dispositivo *loopback:*

```
losetup /dev/loop0 /home/usuario/disco_cifrado.img
```

3. Utilizar **cryptsetup** para configurar el cifrado en el dispositivo *loopback*. Este ejemplo utiliza el algoritmo de cifrado AES:

```
cryptsetup -y -v create disco_cifrado /dev/loop0
```

   ▪ Se pedirá que se ingrese una frase de contraseña dos veces para confirmar.

4. Formatear el dispositivo cifrado con un sistema de archivos, por ejemplo, ext4:

```
mkfs.ext4 /dev/mapper/disco_cifrado
```

5. Montar el dispositivo cifrado en el sistema de archivos:

```
mount /dev/mapper/disco_cifrado /mnt
```

- Ahora se puede acceder al dispositivo cifrado en /mnt como si fuera un sistema de archivos regular.
- Se pueden copiar archivos al dispositivo montado. Estos serán cifrados automáticamente antes de ser escritos en el archivo de imagen.

6. Desmontar el sistema de archivos y cerrar el dispositivo cifrado al terminar:

```
umount /mnt
cryptsetup remove disco_cifrado
losetup -d /dev/loop0
```

Cuando sea necesario, acceder de nuevo a los datos cifrados, siguiendo los siguientes pasos:

1. Asociar el archivo de imagen al dispositivo *loopback:*

```
losetup /dev/loop0 /home/usuario/disco_cifrado.img
```

2. Abrir el dispositivo cifrado:

```
cryptsetup create disco_cifrado /dev/loop0
```

3. Montar el sistema de archivos:

```
mount /dev/mapper/disco_cifrado
```

Cryptoloop aún se emplea en algunos contextos. No obstante, ha sido en la mayoría de los casos reemplazado por su sucesor, *dm-crypt*, que presenta menor vulnerabilidad a ciertos tipos de ataques cuando se utiliza correctamente.

La elección de una herramienta de cifrado depende de las necesidades específicas y del entorno de uso. Por ello, aunque *Cryptoloop* ha perdido popularidad, puede haber situaciones o sistemas donde aún se utilice.

La seguridad de los datos es un campo en constante evolución, por lo que se recomienda mantenerse actualizado con las últimas herramientas y prácticas de cifrado. Para instalar *dm-crypt* es necesario instalar el paquete cryptsetup. El proceso de instalación varía según la distribución de *Linux* utilizada. A continuación, se presentan algunos ejemplos:

En distribuciones *Debian, Ubuntu* y derivadas, puede instalarse con el siguiente comando:

```
apt install cryptsetup
```

En distribuciones *Arch Linux, Manjaro* y derivadas, puede utilizarse este comando:

```
pacman -S cryptsetup
```

Actividades

20. Describa el funcionamiento de la criptografía híbrida en *PGP*. Explique cómo se combinan la criptografía de clave simétrica y asimétrica para cifrar y descifrar mensajes de manera segura. Incluya ejemplos prácticos de su aplicación en correos electrónicos y archivos.

Aplicación práctica

Una empresa necesita asegurar la confidencialidad y autenticidad de sus correos electrónicos utilizando cifrado y firmas digitales. Debe elegir entre *PGP* y *GPG* para cifrar y firmar sus correos electrónicos en *Microsoft Outlook* y *Thunderbird*. Buscan una solución que sea segura, compatible y fácil de usar para todos los empleados. Considerando esto, ¿cuál debería seleccionar la empresa para cifrar y firmar sus correos electrónicos y por qué?

SOLUCIÓN

La empresa debería seleccionar **GPG** para cifrar y firmar sus correos electrónicos. *GPG* es gratuito y de código abierto. Además, es compatible con *PGP*, asegurando interoperabilidad, y ofrece integración con múltiples aplicaciones y servicios.

16. Resumen

La criptografía tiene varios objetivos fundamentales: la confidencialidad garantiza que solo las partes autorizadas accedan a la información mediante el cifrado de datos; la integridad asegura que los datos no se alteren durante su almacenamiento o transmisión, utilizando funciones *hash* y MAC; la autenticidad verifica la identidad de las partes en la comunicación mediante firmas digitales y certificados; y el no repudio evita que las partes nieguen su participación en una comunicación, utilizando firmas digitales y registros de auditoría criptográficos.

Los métodos de criptografía han evolucionado para adaptarse a las crecientes demandas de seguridad y avances tecnológicos. Los algoritmos de clave simétrica como DES fueron pioneros, pero ahora se consideran inseguros y han sido reemplazados por AES. La criptografía de clave pública, con RSA y ECC, permite el intercambio seguro de información y la autenticación. Las funciones *hash,* como SHA-256, aseguran la integridad de los datos. La criptografía cuántica, basada en principios de la mecánica cuántica, representa la última frontera en la evolución de la criptografía, prometiendo una seguridad sin precedentes.

La criptografía de clave privada o simétrica utiliza una sola clave para cifrar y descifrar datos. Es más rápida, pero con el desafío de la gestión segura de claves. Los algoritmos como AES son ejemplos destacados. Como constraste, la criptografía de clave pública o asimétrica emplea un par de claves, una pública y otra privada. La clave pública se usa para cifrar datos y la privada para descifrarlos, y esto permite un intercambio seguro de información y autenticación mediante firmas digitales, aunque es más lenta y compleja de gestionar. RSA y ECC son ejemplos de algoritmos de clave pública.

Los certificados digitales vinculan una clave pública con la identidad de su propietario, lo que garantiza la autenticidad y seguridad en las comunicaciones electrónicas. Incluyen elementos como la clave pública, la identidad del titular, la CA y el período de validez. Estos certificados son fundamentales para establecer conexiones seguras y autenticar identidades en transacciones digitales. Los certificados digitales se utilizan ampliamente en aplicaciones como TLS/SSL, firmas digitales y autenticación de usuarios y dispositivos.

Los protocolos de intercambio de claves, como DH y su variante ECDH permiten a dos partes establecer una clave compartida de manera segura, incluso en canales inseguros. DH utiliza números primos y exponenciación modular, mientras que ECDH utiliza puntos en una curva elíptica y proporciona la misma seguridad con claves más cortas. IKE se utiliza en la configuración de las VPN y permite la negociación de parámetros de seguridad y el intercambio seguro de claves. Funciona en conjunto con IPSec para asegurar las comunicaciones en una red.

Entre los algoritmos simétricos, AES es el más utilizado, por su robustez y eficiencia, con claves de 128, 192 y 256 bits. DES, aunque histórico, ha sido reemplazado por su vulnerabilidad a ataques. En algoritmos asimétricos, RSA se basa en la factorización de grandes números primos y es ampliamente utilizado en protocolos de seguridad como SSL/TLS. ECC ofrece una seguridad comparable a RSA, pero con claves más cortas, es más eficiente. En cuanto a algoritmos de *hash,* SHA-256 es el preferido por su resistencia a colisiones, mientras que MD5, aunque históricamente relevante, es vulnerable y no se recomienda para aplicaciones críticas.

Ejercicios de repaso y autoevaluación

1. ¿Qué es la criptografía? Explique su importancia en la protección de datos.

2. Mencione dos aplicaciones de la criptografía en distintos sectores.

3. ¿Qué algoritmo criptográfico se introdujo durante la Segunda Guerra Mundial?

    a. RSA
    b. Enigma
    c. AES
    d. ECC

4. Explique el concepto de *no repudio* en criptografía.

5. Describa cómo ha evolucionado la criptografía desde la antigüedad hasta la modernidad.

6. ¿Qué sistema criptográfico utiliza pares de claves?

      a. Cifrado simétrico
      b. Cifrado asimétrico
      c. Cifrado de César
      d. Todas las opciones son incorrectas.

7. Explique el papel de la criptografía en el sector bancario.

8. Describa brevemente el algoritmo criptográfico RSA y el AES.

9. ¿Qué método criptográfico proporciona un nivel de seguridad equivalente usando claves más cortas?

      a. RSA
      b. DES
      c. ECC
      d. 3DES

10. Explique cómo el uso de criptografía puede beneficiar la comunicación militar.

11. ¿Qué protocolo usa cifrado para proteger la información transmitida entre navegadores web y servidores?

    a. SMTP
    b. IMAP
    c. HTTPS
    d. FTP

12. Describa un escenario en el que la criptografía de clave pública sería más adecuada que la criptografía simétrica.

    _____

    _____

    _____

    _____

13. ¿Cuál de los siguientes no es un objetivo fundamental de la criptografía?

    a. Confidencialidad
    b. Aceleración de datos
    c. Integridad
    d. Autenticidad

14. Describa el proceso general de cómo se crea una firma digital.

    _____

    _____

    _____

    _____

15. Enumere y explique los tres tipos de firmas digitales y sus aplicaciones recomendadas.

## Capítulo 2

Aplicación de una infraestructura de clave pública (PKI)

Contenido

1. Introducción

En el mundo actual, donde la seguridad de la información es una prioridad, la infraestructura de clave pública (PKI, por sus siglas en inglés) emerge como una solución fundamental para asegurar la integridad y autenticidad de las comunicaciones digitales. La PKI proporciona un marco estructurado para la gestión de claves criptográficas y certificados digitales, elementos esenciales para la implementación de protocolos de seguridad robustos en diversas aplicaciones tecnológicas.

La comprensión de una PKI requiere de un análisis detallado de sus componentes y el modelo de relaciones que interconectan estos elementos. Dentro de esta infraestructura, la CA desempeña un papel central: es la encargada de emitir, gestionar y revocar los certificados digitales que validan la identidad de los usuarios y dispositivos en una red.

Es también esencial comprender las políticas de certificados y las declaraciones de prácticas de certificación (CPS), la lista de certificados revocados (CRL), el proceso de solicitud de firma de certificados (CSR) y la infraestructura de gestión de privilegios (PMI).

2. Identificación de los componentes de una PKI y su modelo de relaciones

La PKI proporciona un marco confiable para la gestión de claves y certificados digitales. En 2024, la identificación y comprensión de sus componentes y el modelo de relaciones entre ellos se mantiene como un aspecto fundamental para su correcta implementación y funcionamiento.

Una PKI se compone de varios elementos interconectados que trabajan en conjunto para asegurar la autenticidad, integridad y confidencialidad de las comunicaciones digitales. Entre estos componentes destacan los siguientes:

- **Autoridad de certificación (CA):** la CA es la entidad responsable de emitir y gestionar los certificados digitales. Verifica la identidad de los solicitantes y garantiza que los certificados sean confiables. La CA también es responsable de revocar certificados cuando ya no son seguros.

- **Autoridad de registro (RA):** la RA actúa como intermediaria entre los usuarios y la CA. Su función principal es validar las solicitudes de certificados y verificar la identidad de los solicitantes antes de enviar las solicitudes a la CA para su emisión.
- **Certificados digitales:** son documentos electrónicos que vinculan una clave pública con la identidad de su propietario. Los certificados contienen información como el nombre del propietario, la clave pública, la entidad emisora y la fecha de expiración.
- **Clave pública y privada:** la PKI utiliza un par de claves criptográficas. La clave pública se distribuye libremente y se utiliza para cifrar información o verificar firmas digitales. La clave privada, que debe mantenerse en secreto, se utiliza para descifrar información cifrada con la clave pública o para crear firmas digitales.
- **CRL:** la CRL es un listado mantenido por la CA que contiene los certificados revocados antes de su fecha de vencimiento. Este listado permite a los usuarios verificar el estado de los certificados y asegurar que no utilicen certificados comprometidos.
- **CPS:** estos documentos detallan las normas y procedimientos que rigen la emisión y gestión de certificados dentro de la PKI. Las políticas de certificados definen los requisitos para la emisión y uso de certificados, mientras que la CPS describe las prácticas específicas de la CA.
- **PMI:** la PMI complementa la PKI al gestionar los derechos y privilegios de acceso de los usuarios dentro de una organización. Utiliza certificados de atributos que contienen información adicional sobre los usuarios, como roles y permisos específicos.

El modelo de relaciones de una PKI se basa en la interacción y confianza mutua entre estos componentes. La CA es la entidad central que emite certificados a usuarios y dispositivos, valida su identidad a través de la RA. Los usuarios confían en los certificados emitidos por la CA para autenticar identidades y establecer comunicaciones seguras. Las CRL se utilizan para mantener la integridad del sistema, al permitir la revocación de certificados comprometidos.

La adopción y evolución de las tecnologías de PKI en 2024 reflejan un enfoque cada vez más integrado y automatizado, con una mayor interoperabilidad entre diferentes sistemas y aplicaciones. Esto facilita la gestión de identidades digitales y fortalece la seguridad en un entorno donde las amenazas cibernéticas son cada vez más sofisticadas.

Ejemplo

Para ilustrar mejor la identificación de los componentes de una PKI y su modelo de relaciones, a continuación se presentan ejemplos para cada componente:

I Autoridad de certificación (CA): DigiCert es una de las autoridades de certificación más reconocidas a nivel mundial. DigiCert emite certificados SSL/TLS que aseguran las comunicaciones en sitios web, validando que los visitantes están interactuando con un servidor legítimo y no con un impostor.

I Autoridad de Registro (RA): Sectigo (anteriormente Comodo) opera como una RA en muchos casos verificando las solicitudes de certificados y la identidad de los solicitantes antes de enviar la solicitud a su CA para la emisión del certificado.

I Certificados digitales: es un certificado SSL/TLS utilizado por un sitio web como www. google.com. Este certificado asegura que las comunicaciones entre el navegador del usuario y el servidor de *Google* están cifradas y autenticadas, previniendo ataques de intermediarios.

I Clave pública y privada: son un par de claves RSA generadas para un servidor web. La clave pública se incorpora en el certificado digital emitido por la CA y se distribuye libremente, mientras que la clave privada se mantiene segura en el servidor, utilizada para descifrar los datos cifrados con la clave pública y para firmar digitalmente la información.

I Lista de Certificados Revocados (CRL): la CRL es publicada por Let's Encrypt. Si un certificado emitido por Let's Encrypt es comprometido o debe ser revocado por cualquier razón, se añadirá a esta lista, que los navegadores y otros sistemas pueden consultar para asegurarse de que no están confiando en certificados revocados.

I Políticas de Certificados y Declaraciones de Prácticas de Certificación (CPS): la CPS de GlobalSign, un documento público que detalla cómo GlobalSign gestiona y emite sus certificados, los procedimientos de verificación de identidad que utiliza y las políticas que los solicitantes de certificados deben cumplir.

I Infraestructura de Gestión de Privilegios (PMI): es el sistema de gestión de identidades y accesos (IAM) de *Microsoft Azure*. *Azure* utiliza certificados de atributos para gestionar y otorgar diferentes niveles de acceso y privilegios a los usuarios dentro de una organización, asegurando que solo los usuarios autorizados puedan acceder a recursos específicos.

En España, la PKI juega un papel fundamental en la protección de las comunicaciones digitales y la gestión de identidades en diversas aplicaciones gubernamentales y empresariales. Algunas entidades, como la Fábrica Nacional de Moneda y Timbre (FNMT-RCM), actúan como una CA, emitiendo certificados digitales que garantizan la autenticidad y seguridad de los documentos electrónicos, tanto en el sector público como en el privado. Por ejemplo, los certificados emitidos por la FNMT se utilizan ampliamente en la Administración Electrónica para autenticar a los ciudadanos y funcionarios en la realización de trámites *online,* como la presentación de impuestos a través de la Agencia Tributaria.

Además, la Autoridad de Certificación Camerfirma proporciona servicios de emisión de certificados para empresas, facilitando el comercio electrónico seguro y la firma digital de documentos. Estos certificados digitales permiten a las empresas y ciudadanos españoles realizar transacciones electrónicas con plena confianza en la seguridad y validez de sus comunicaciones y documentos, reflejando así la adopción y evolución de la PKI en España.

Sitio web de Camerfirma

Actividades

1. Identifique y describa los componentes de una PKI y su modelo de relaciones en el contexto de la seguridad digital en 2024. Explique la función de cada elemento y cómo interactúan entre sí.
2. ¿Cuáles son los roles principales de la CA y la RA dentro de una PKI?

3. Autoridad de certificación y sus elementos

La CA tiene la función principal de emitir, gestionar y revocar certificados digitales, los cuales son esenciales para asegurar la autenticidad y la integridad de las comunicaciones y transacciones electrónicas. La CA se compone de varios elementos que, en conjunto, garantizan la confiabilidad y seguridad del proceso de certificación.

La CA es responsable de emitir certificados digitales que vinculan una clave pública con la identidad del propietario. Este proceso implica la verificación de la identidad del solicitante, lo que puede variar desde verificaciones básicas hasta validaciones extendidas, dependiendo del nivel de seguridad requerido.

La gestión continua de los certificados incluye su renovación antes de que expiren y la actualización de la información del certificado cuando sea necesario. La CA mantiene registros detallados de todos los certificados emitidos y sus respectivos estados.

La CA también es responsable de revocar certificados cuando ya no son confiables, por ejemplo, si la clave privada ha sido comprometida o si el propietario ya no es confiable. La CRL y el protocolo de Estado de certificado en línea (OCSP) son herramientas utilizadas para comunicar esta información de revocación de manera efectiva.

La CA necesita una infraestructura técnica robusta, que incluye servidores seguros, *software* especializado para la gestión de certificados, y mecanismos de respaldo y recuperación de datos. Estos componentes técnicos deben cumplir con altos estándares de seguridad para proteger contra amenazas y ataques cibernéticos.

Las CPS definen los procedimientos y normas que rigen la operación de la CA. Estas políticas aseguran que todos los procesos de emisión, gestión y revocación de certificados se realicen de manera consistente y segura.

En un entorno globalizado, la interoperabilidad entre diferentes CA es esencial. Esto implica que una CA debe ser capaz de reconocer y confiar en certificados emitidos por otras CA. Este aspecto es particularmente importante para aplicaciones transfronterizas y sistemas internacionales.

Las CA deben cumplir con diversas regulaciones y estándares internacionales, como los establecidos por el Reglamento eIDAS en Europa o las normas del Foro de Navegadores y Certificados *(CA/Browser Forum)*. Este cumplimiento asegura que los certificados emitidos sean reconocidos y confiables en distintas jurisdicciones.

Las auditorías regulares por entidades independientes son necesarias para asegurar que la CA opera de acuerdo con sus políticas y prácticas declaradas. La supervisión también puede incluir revisiones de cumplimiento normativo y la evaluación de la efectividad de las medidas de seguridad implementadas.

En el contexto de la PKI en España, la Fábrica Nacional de Moneda y Timbre-Real Casa de la Moneda (FNMT-RCM) se destaca como una CA esencial. Desde su fundación, la FNMT-RCM ha evolucionado para ofrecer servicios avanzados de certificación digital, adaptándose a las crecientes necesidades de seguridad en el entorno digital contemporáneo. Emite certificados digitales para diversos usos, como la identificación electrónica de ciudadanos y funcionarios públicos, así como la autenticación de servicios electrónicos, lo cual permite la firma digital de documentos y asegura su autenticidad e integridad. Un ejemplo significativo es el certificado digital emitido para la Agencia Tributaria, que facilita a los ciudadanos la presentación segura de sus declaraciones de impuestos.

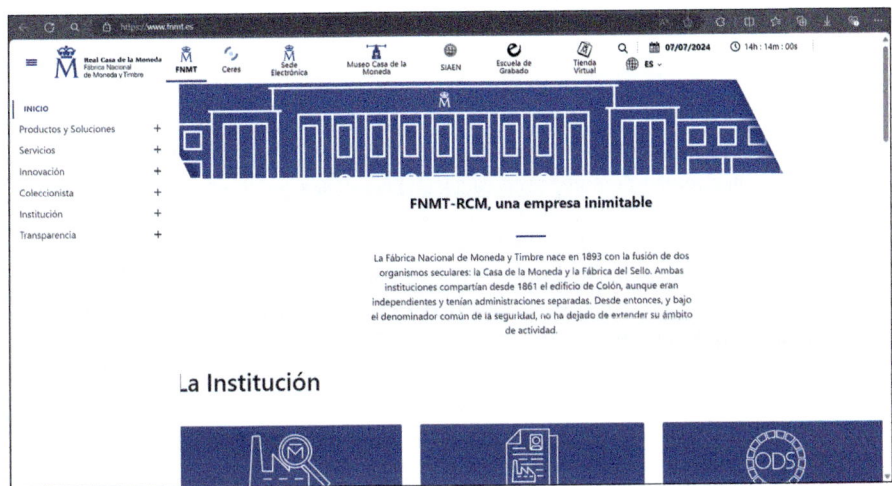

Página de inicio de la FNMT-RCM

La FNMT-RCM gestiona los certificados a lo largo de su ciclo de vida, lo cual asegura su validez y seguridad mediante la renovación y actualización de la información cuando sea necesario. En caso de compromisos de seguridad, tiene la capacidad de revocar certificados rápidamente utilizando la CRL y el OCSP. La FNMT-RCM cuenta con una infraestructura técnica avanzada y políticas estrictas que rigen la emisión, gestión y revocación de certificados, lo que hace que las operaciones sean seguras y coherentes. Cumple con regulaciones europeas como el Reglamento eIDAS y se somete a auditorías regulares para verificar el cumplimiento de las normativas y la efectividad de las medidas de seguridad, garantizando que los certificados sean reconocidos y confiables en toda la Unión Europea.

El certificado electrónico de ciudadano emitido por la FNMT-RCM vincula al usuario con un par de claves criptográficas: una clave pública y una clave privada. La clave pública se incluye en el certificado digital, mientras que la clave privada se mantiene segura y se utiliza para firmar electrónicamente documentos y autenticar la identidad del titular. Este sistema de doble clave garantiza la seguridad y la autenticidad de las comunicaciones y transacciones digitales, permite a los ciudadanos autenticarse en plataformas digitales y asegurar que la comunicación es con la persona legítima. Además, autoriza la firma digital de documentos, confirmando que no han sido alterados desde su firma y que el firmante se ha identificado correctamente.

Nota

Tal y como expone la FNMT-RCM existen cuatro formas distintas para obtener el certificado electrónico de ciudadano como archivo descargable en su ordenador o dispositivo móvil:

1. Acreditación presencial: el solicitante debe presentarse en una oficina de registro autorizada para acreditar su identidad. Una vez verificada, podrá descargar el certificado desde el portal de la FNMT-RCM.
2. Certificado con DNIe: utilizando el documento nacional de identidad electrónico (DNIe), los ciudadanos pueden solicitar y descargar el certificado directamente desde el portal, utilizando su DNIe para la autenticación.
3. Certificado con videoidentificación: este método permite la verificación de identidad mediante un proceso de videoidentificación, facilitando la obtención del certificado sin necesidad de desplazarse físicamente.
4. *App* móvil: la FNMT-RCM ofrece una aplicación móvil que facilita la solicitud y gestión del certificado desde dispositivos móviles. La aplicación integra funcionalidades para su uso en diversas aplicaciones y servicios digitales.

El certificado se utiliza ampliamente en diversos trámites electrónicos, tanto en el sector público como privado. Permite a los ciudadanos interactuar con la Agencia Tributaria para la presentación de impuestos, acceder a servicios de la Seguridad Social, firmar documentos de manera digital y realizar gestiones administrativas en línea. Estas aplicaciones mejoran significativamente la eficiencia y seguridad de los procesos administrativos, y facilitan la interacción segura y confiable entre los ciudadanos y las instituciones.

Sitio web para la obtención del certificado electrónico de ciudadano

 Aplicación práctica

Imagine que es el administrador de sistemas encargado de la seguridad digital en una organización. Su tarea es confirmar que las comunicaciones y transacciones electrónicas sean seguras y auténticas. Para ello, decide utilizar certificados digitales emitidos por una CA.

¿Cuáles son los elementos y procesos clave que debe gestionar una CA para asegurar la autenticidad e integridad de los certificados digitales?

SOLUCIÓN

1. Emisión de certificados: la CA emite certificados digitales, vinculando una clave pública con la identidad del propietario, tras verificar la identidad del solicitante.
2. Gestión continua: la CA renueva los certificados antes de que expiren y actualiza la información cuando sea necesario.
3. Revocación de certificados: la CA revoca certificados no confiables y utiliza la CRL y el OCSP para comunicar esta información.
4. Infraestructura técnica: la CA mantiene servidores seguros, *software* especializado, y mecanismos de respaldo y recuperación de datos.

Continúa en página siguiente >>

<< Viene de página anterior

5. Políticas y declaraciones: la CA sigue políticas de CPS para asegurar procesos consistentes y seguros.
6. Interoperabilidad: la CA debe reconocer y confiar en certificados emitidos por otras CA, esencial para aplicaciones internacionales.
7. Cumplimiento de normas: la CA cumple con regulaciones y estándares internacionales, como el Reglamento eIDAS en Europa.
8. Auditorías regulares: la CA se somete a auditorías regulares para verificar el cumplimiento de sus políticas y la efectividad de sus medidas de seguridad.

 Actividades

3. Investigue el papel de una CA en la emisión, gestión y revocación de certificados digitales. Elabore un informe sobre su impacto en la seguridad de las comunicaciones electrónicas.
4. ¿Cómo asegura una CA la validez y seguridad de los certificados digitales a lo largo de su ciclo de vida?

4. Política de certificado y declaración de prácticas de certificación (CPS)

La política de certificado (PC) y la CPS son documentos esenciales en el ámbito de los certificados digitales. La PC establece un conjunto de reglas que definen el nivel de seguridad y confiabilidad de los certificados emitidos por una CA, variando según el tipo de certificado y su uso previsto.

La PC incluye, entre otros, los siguientes aspectos:

- Definición de los tipos de certificados emitidos y los usos permitidos.
- Obligaciones de la CA, suscriptores y partes que confían
- Alineación con estándares nacionales e internacionales.

- Detalles sobre la generación, emisión, renovación y revocación de certificados.
- Medidas para asegurar la integridad y seguridad de los procesos de certificación.

La CPS, por su parte, es un documento elaborado por una CA que establece las directrices para la prestación de los servicios de certificación por parte de esa entidad. En este documento se detallan las prácticas para la gestión del ciclo de vida de los certificados digitales emitidos por la CA, así como un conjunto de medidas de seguridad del entorno.

En España, la FNMT-RCM es una de las entidades que emiten este tipo de documentos. Se pueden consultar y descargar las declaraciones, políticas y prácticas de certificación en su sitio web. Además, existen otras entidades, como el Centro Tecnológico del Notariado, la Entidad de Certificación de la OMC y la Dirección General de la Policía, que también proporcionan estos documentos para distintos tipos de certificados y ámbitos.

Página web de la FNMT-RCM, en la que se incluyen las diversas versiones de la Declaración General de Prácticas de Servicios de Confianza y de Certificación Electrónica

La política de certificado y la declaración de prácticas de certificación de la FNMT-RCM están disponibles públicamente en su sitio web, lo que garantiza la transparencia y accesibilidad para todas las partes interesadas. Esto facilita la confianza en los servicios de certificación ofrecidos y permite a los usuarios y terceros verificar el cumplimiento de las políticas y prácticas establecidas.

 Para saber más

El siguiente enlace da acceso a la Declaración General de Prácticas de Servicios de Confianza y de Certificación Electrónica de la FNMT-RCM:

https://redirectoronline.com/mf04890201

El documento de la FNMT-RCM, versión 6.1, es una guía exhaustiva que detalla las políticas y prácticas relacionadas con la emisión y gestión de certificados digitales, lo que certifica la autenticidad, integridad, confidencialidad y no repudio en las transacciones electrónicas.

 Actividades

5. Investigue cómo la FNMT-RCM implementa sus políticas de certificado y declaraciones de prácticas de certificación y elabore un resumen de su contribución a la transparencia y seguridad en los servicios de certificación.
6. ¿Cuáles son los componentes clave que se incluyen en la política de certificado y la declaración de prácticas de certificación para asegurar la seguridad y confiabilidad de los certificados digitales?

5. Lista de certificados revocados (CRL)

La CRL es un mecanismo fundamental en la PKI. Consiste en una lista digital que contiene información sobre certificados que han sido revocados por la CA antes de su fecha de expiración.

El propósito principal de una CRL es permitir a los usuarios de certificados verificar la validez de uno de ellos en cualquier momento. Cuando un certificado es revocado, ya no se debe confiar en él para ninguna operación criptográfica, como el cifrado de datos o la autenticación de identidad. Las razones comunes para la revocación incluyen la pérdida o el compromiso de la clave privada asociada, cambios en la información contenida en el certificado o la terminación de la relación de confianza entre el sujeto del certificado y la CA.

Una CRL incluye:

- **Identificación de la CA emisora:** la CA que emitió y revocó los certificados.
- **Número de serie del certificado revocado:** identificador único del certificado.
- **Fecha y hora de la revocación:** momento exacto en que el certificado fue revocado.
- **Razón de la revocación:** motivo por el cual el certificado fue revocado, como compromiso de la clave, cambio de afiliación, etc.

 Nota

La información relativa a la verificación del estado de revocación de los certificados electrónicos expedidos por la FNMT-RCM puede ser consultada mediante CRL y/o en el servicio de información y consulta del estado de los certificados mediante el OCSP.

A continuación, se presenta el proceso de verificación del estado de revocación de certificados electrónicos mediante CRL, utilizando *Kleopatra:*

Paso 1. Descargar la CRL:

■ Se accede a través de este enlace a la FNMT-RCM:

https://redirectoronline.com/mf04890202

■ Se hace clic en el enlace para descargar el archivo CRL.

Paso 2. Abrir la CRL en *Kleopatra:*

■ Tras la descarga del archivo CRL, se selecciona el archivo y se elige abrirlo con *Kleopatra*.
■ *Kleopatra* comienza el proceso de importación automáticamente.

Paso 3. Proceso de importación:

■ *Kleopatra* muestra una ventana de progreso, indicando que está importando los certificados desde el archivo CRL.
■ Este proceso puede tardar más o menos, dependiendo del tamaño del archivo.

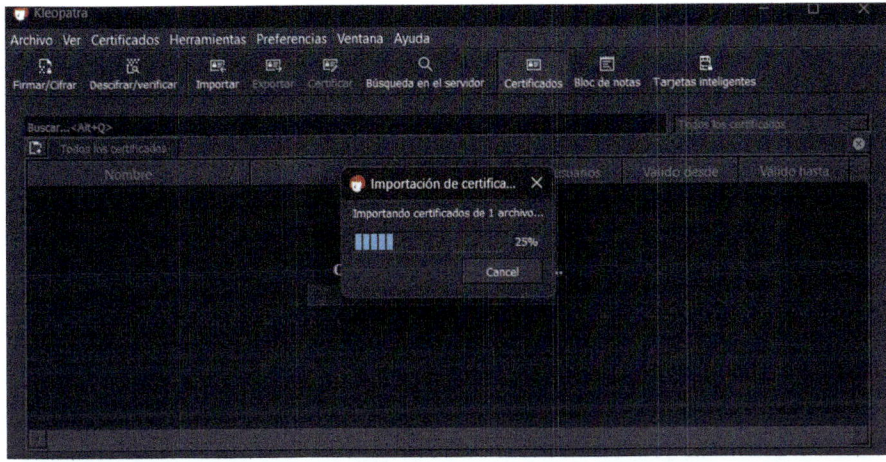

Paso 4. Resultado de la importación:

■ Al finalizar la importación, *Kleopatra* muestra un resumen detallado del resultado.
■ En este caso, se procesaron siete certificados, pero ninguno fue importado, lo que puede indicar que los certificados ya estaban presentes o no se necesitaban.

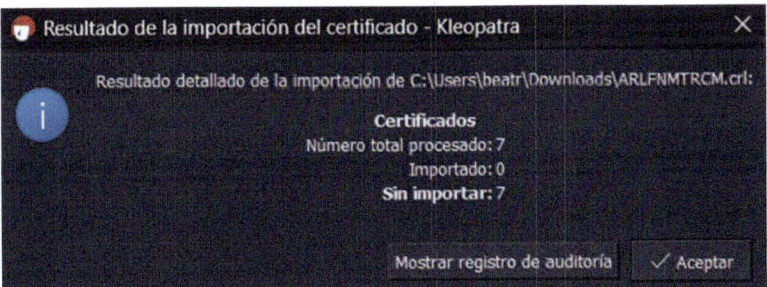

Paso 5. Visualización de los certificados:

■ Después de la importación, se pueden visualizar los certificados en *Kleopatra.*

▮ Los certificados de la AC RAIZ FNMT-RCM se muestran en la lista de certificados disponibles.

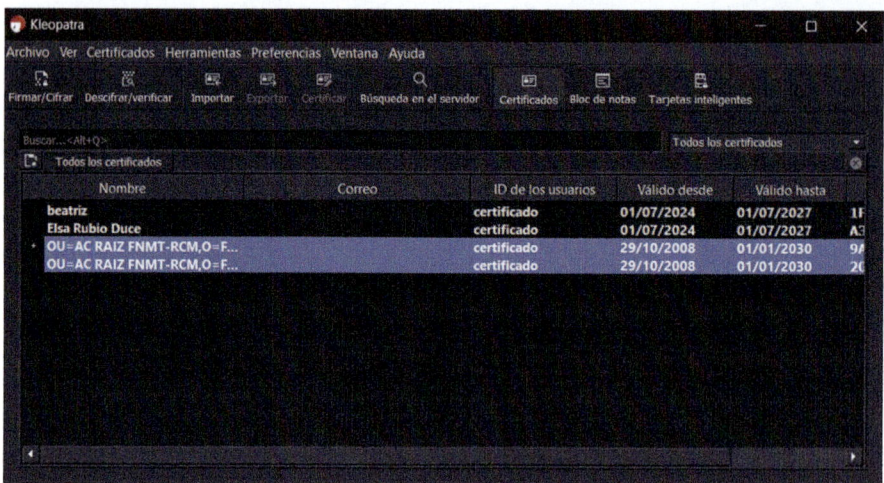

Ejemplo

A continuación, se expone un ejemplo del funcionamiento que se ha explicado realizando una comparación de la CRL con una lista de exclusión de un club.

La CRL es un mecanismo fundamental en la PKI. Consiste en una lista digital con información sobre certificados que han sido revocados por la CA antes de su fecha de expiración.

Imagina un club exclusivo que emite tarjetas de membresía a sus socios. La CRL es similar a una lista de exclusión del club, ahí se registran las tarjetas de membresía que han sido canceladas antes de su vencimiento por diversas razones.

El propósito principal de una CRL es permitir a los usuarios de certificados verificar la validez de un certificado en cualquier momento. Cuando un certificado es revocado, ya no se debe confiar en él para ninguna operación criptográfica, como el cifrado de datos o la autenticación de identidad.

Continúa en página siguiente >>

<< Viene de página anterior

La lista de exclusión del club permite a los porteros verificar si la tarjeta de un miembro sigue siendo válida. Si la tarjeta está en la lista de exclusión, el portero no permite la entrada al club, con lo que se asegura de que solo los miembros autorizados puedan acceder.

Una CRL incluye:

× Identificación de la CA emisora: la CA que emitió y revocó los certificados.
× Número de serie del certificado revocado: identificador único del certificado.
× Fecha y hora de la revocación: momento exacto en que el certificado fue revocado.
× Razón de la revocación: motivo por el cual el certificado fue revocado, como compromiso de la clave, cambio de afiliación, etc.

La lista de exclusión del club incluye:

× Nombre del emisor de la tarjeta: el club que emitió la tarjeta.
× Número de serie de la tarjeta revocada: identificador único de la tarjeta de membresía.
× Fecha y hora de la revocación: momento exacto en que la tarjeta fue revocada.
× Razón de la revocación: motivo por el cual la tarjeta fue revocada, como comportamiento inapropiado, cambio de membresía, etc.

La información relativa a la verificación del estado de revocación de los certificados electrónicos expedidos por la FNMT-RCM puede ser consultada mediante CRL y/o el servicio de información y consulta del estado de los certificados, mediante el OCSP. Estos servicios son accesibles a través de medios como LDAP y HTTP.

La lista de exclusión del club puede ser verificada mediante una lista impresa, disponible en la entrada del club o mediante una base de datos digital que el portero puede consultar en tiempo real.

El proceso de verificación del estado de revocación en *Kleopatra* sería:

× Descargar la CRL.
× Abrir la CRL en *Kleopatra*.
× Proceder a la importación.
× Obtener el resultado de la importación.
× Visualizar los certificados.

En el club, este proceso sería similar a actualizar la lista de exclusión en la entrada. El portero descarga la nueva lista, la revisa y actualiza la base de datos. Al final, verifica que todos los nombres en la lista de exclusión estén actualizados y listos para ser consultados cuando sea necesario.

Aplicación práctica

Ana necesita verificar si un certificado electrónico específico ha sido revocado, utilizando *Kleopatra* y la CRL proporcionada por la FNMT-RCM.

Ana sigue los pasos mencionados para importar el archivo CRL en *Kleopatra* y observa que, después de la importación, se procesaron 7 certificados, pero ninguno fue importado.

Explique dos posibles razones por las cuales ninguno de los certificados fue importado.

SOLUCIÓN

Las dos posibles razones por las cuales ninguno de los certificados fue importado son:

1. Certificados ya presentes: los certificados incluidos en el archivo CRL ya estaban previamente importados en *Kleopatra*, por lo que no fue necesario volver a importarlos.
2. Certificados no necesarios: los certificados incluidos en el archivo CRL no eran necesarios para la configuración actual de *Kleopatra*, lo cual puede significar que los certificados ya no son válidos o no se utilizan en el contexto de los certificados que Ana necesita.

6. Funcionamiento de las solicitudes de firma de certificados (CSR)

Las CSR son fundamentales en el proceso de obtención de un certificado SSL/TLS. Estas solicitudes se envían a una CA con el propósito de solicitar la firma de una clave pública y la información asociada. Se trata de un bloque de texto cifrado que incluye detalles sobre el sitio web, el dominio y la organización del solicitante.

Una CSR incluye información esencial sobre el negocio y el sitio web que se desea proteger con SSL. Entre los datos que contiene se encuentran el nombre común (CN), la organización (O), la unidad organizacional (OU), la ciudad/localidad (L), el estado/provincia/región (S), el país (C), la dirección de correo electrónico y la clave pública que se incorporará en el certificado.

La función principal de la CSR es autenticar la identidad del solicitante y permitir a la AC emitir el certificado SSL. Los datos proporcionados en la CSR son utilizados por la AC para la creación del certificado SSL. La generación de la CSR se realiza en el servidor donde posteriormente se instalará el certificado, incluyendo la clave pública, que será firmada con la correspondiente clave privada.

Crear una CSR es un proceso que varía según el sistema operativo y el *software* del servidor utilizado. A continuación, se presenta una guía general sobre cómo realizar este proceso:

1. Se debe generar una nueva clave privada. La CSR se basa en esta clave privada, la cual se mantendrá en el servidor y no se enviará a la CA.
2. Se procede a la creación de la CSR. Esta incluirá detalles como el nombre de dominio (nombre común), la ubicación de la organización (ciudad, país) y el nombre de la organización.
3. Durante la generación de la CSR, se solicitarán diversos detalles sobre el sitio web y la organización. Estos detalles se emplearán para crear el certificado SSL.
4. Posteriormente, la CSR debe enviarse a la CA, que validará la información y emitirá el certificado SSL correspondiente.
5. Una vez recibido el certificado SSL de la CA, se procederá a su instalación en el servidor.

Por ejemplo, utilizando OpenSSL se puede generar una CSR con el siguiente comando:

```
openssl req -new -newkey rsa:2048 -nodes -keyout server.key -out server.csr
```

Este comando creará una nueva CSR, junto con una clave privada de 2048 bits.

Si se está utilizando *Windows,* para gestionar y generar una CSR con *SSL Manager,* se deben seguir los siguientes pasos:

1. Si no se ha hecho previamente, se debe descargar e instalar *SSL Manager* a través de su web oficial:

https://redirectoronline.com/mf04890203

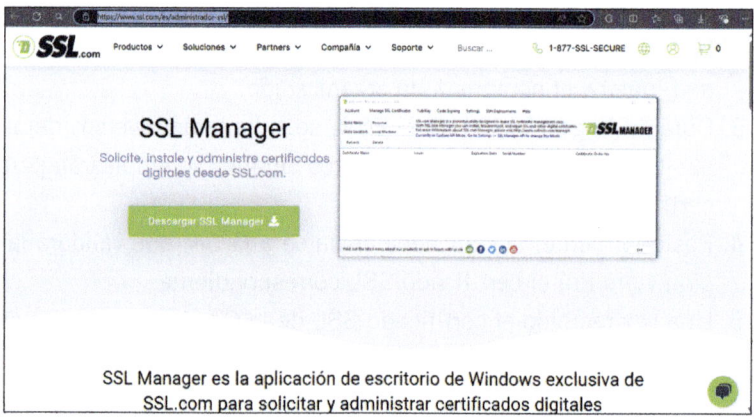

2. Acceder a *SSL Manager*, crear una cuenta, seleccionar la opción de administrar certificados SSL y generar un certificado SSL desde la barra de menús:

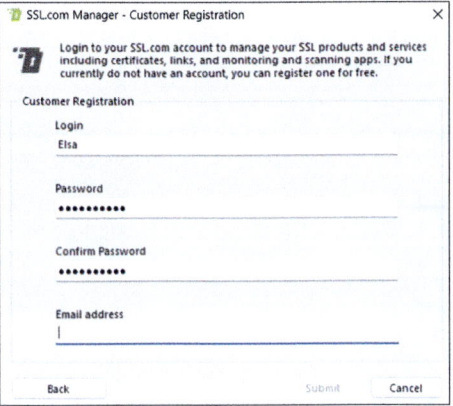

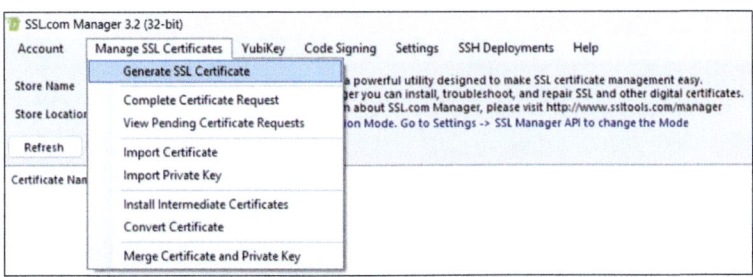

3. Escribir el nombre de dominio completo para el cual se desea generar la CSR en el campo **Nombre de dominio (CN).** Al cliquear fuera del campo, el campo **Nombres alternativos del sujeto (SAN)** se rellenará de manera automática con el nombre de dominio.

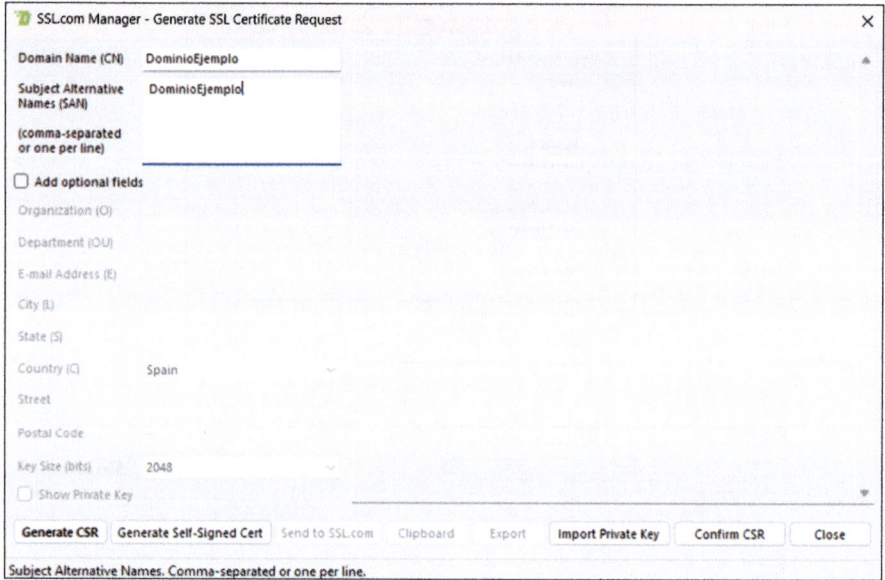

4. Si es necesario, agregar cualquier nombre de dominio adicional en el campo correspondiente, separados por comas o uno por línea.

5. Al marcar la casilla **Agregar campos opcionales** se habilitarán campos adicionales para ingresar detalles como **Organización (O), Dirección de correo electrónico (E), Ciudad (L), Estado (S), País (C), Calle, Código postal, Tamaño de clave (bits)** y la opción de mostrar o no la nueva clave privada generada con la CSR:

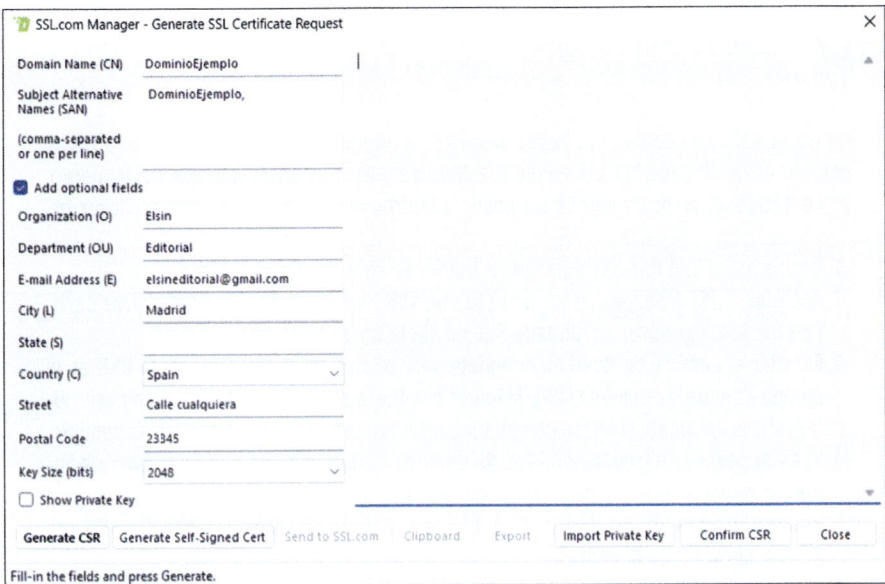

6. Hacer clic en el botón **Generar CSR.** El nuevo CSR aparecerá en el panel grande en el lado derecho de la ventana:

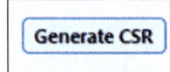

7. Enviar la CSR a SSL.com. Para ello, hay que hacer clic en el botón **Enviar a SSL.com** para abrir la pantalla *Colocar Orden.*

8. En la pantalla *Colocar Orden* se puede optar por volver a procesar un pedido existente o crear uno nuevo.

9. Para validar la solicitud, hacer clic con el botón derecho en la solicitud de certificado pendiente y seleccionar **Información de validación** en el menú.

Aplicación práctica

Un trabajador ha seguido los pasos descritos a continuación para generar una CSR y obtener un certificado SSL utilizando SSL *Manager* en un entorno *Windows*. Sin embargo, ha cometido un error en uno de los pasos. Identifique el error en el proceso descrito:

1. Descargar e instalar *SSL Manager* a través de su web oficial.
2. Acceder a *SSL Manager*, crear una cuenta, seleccionar la opción Administrar certificados SSL y generar certificado SSL desde la barra de menús.
3. Escribir el nombre de dominio completo para el cual se desea generar la CSR en el campo Nombre de dominio (CN). Al hacer clic fuera del campo, el campo Nombres alternativos del sujeto (SAN) se completará automáticamente con el nombre de dominio.
4. Si es necesario, agregar nombres de dominio adicionales en el campo correspondiente, separados por comas o uno por línea.
5. Hacer clic en el botón Generar CSR. El nuevo CSR aparecerá en el panel grande en el lado derecho de la ventana.
6. Enviar la CSR a SSL.com. Para ello, hacer clic en el botón Enviar a SSL.com para abrir la pantalla *Colocar Orden*.
7. En la pantalla Colocar Orden volver a procesar un pedido existente o crear uno nuevo.
8. Validar la solicitud. Hacer clic con el botón derecho en la solicitud de certificado pendiente y seleccionar Información de validación en el menú.

SOLUCIÓN

El error en el proceso está en el paso 5. El paso original omitió la necesidad de ingresar los detalles adicionales (**Agregar campos opcionales**) antes de generar la CSR, lo cual es necesario para la creación adecuada de la solicitud de certificado.

Actividades

7. ¿Cuáles son los datos específicos que debe contener una CSR para que una CA pueda emitir un certificado SSL/TLS?
8. Busque información sobre el proceso de creación de una CSR en diferentes sistemas operativos y *software* de servidor. Redacte un informe comparativo.

7. Infraestructura de gestión de privilegios (PMI)

Una PMI es una estructura diseñada para facilitar la administración de privilegios. Proporciona respaldo a un servicio de autorización integral asociado a una PKI.

La PMI en España se compone de varios elementos fundamentales. Los certificados de identidad y atributos juegan un papel clave: los primeros proporcionan el servicio de autenticación y los segundos permiten asociar privilegios a los usuarios. Ambos tipos de certificado pueden vincularse. La autoridad de atributos (AA) es la entidad que emite los certificados de atributos, mientras que la fuente de autoridad (SOA) define los privilegios correspondientes.

El proceso de implementación de la PMI comienza con el descubrimiento y registro de cuentas privilegiadas. Se identifican y se inventarían todas las cuentas con privilegios dentro del entorno de TI de una organización. Posteriormente, se implementan controles de autenticación y autorización mediante políticas y procedimientos que determinan quién puede acceder a qué recursos. El monitoreo de actividades privilegiadas es fundamental para detectar cualquier acción sospechosa, asegura la vigilancia continua sobre los usuarios con privilegios. Finalmente, la auditoría y generación de informes sobre estas actividades son vitales para el control y cumplimiento de la normativa.

 Ejemplo

A continuación, se expone un ejemplo en el contexto de la gestión de privilegios en la empresa ficticia Lannister S. A.

Lannister S. A. realiza un inventario completo de su entorno de TI y descubre que tiene 120 cuentas con privilegios. De estas, 70 son cuentas de administrador de sistema, 30 son cuentas de administrador de base de datos y 20 son cuentas de administrador de red.

La empresa implementa políticas de acceso. Por ejemplo, establece que solo los usuarios con un certificado de atributos de administrador de sistemas pueden acceder a los servidores.

Continúa en página siguiente >>

<< Viene de página anterior

Lannister S. A. utiliza un sistema de monitoreo en tiempo real para rastrear la actividad de las cuentas privilegiadas. Si un usuario con privilegios de administrador de sistemas intenta acceder a una base de datos, el sistema detecta esta actividad como sospechosa y envía una alerta al equipo de seguridad.

La empresa realiza auditorías trimestrales de las actividades de las cuentas privilegiadas. Los informes generados se utilizan para demostrar el cumplimiento de las normativas de seguridad de la información durante las auditorías externas.

En cuanto a los certificados de identidad y atributos, Lannister S. A. tiene una AA interna que emite certificados de atributos. Por ejemplo, una empleada llamada Cercei recibe un certificado de atributos que lo identifica como administrador de sistemas. La SOA de Lannister S. A. define que un administrador de sistemas tiene acceso a los servidores. Cuando Cercei intenta acceder a un servidor, su certificado de identidad se verifica para autenticarlo y su certificado de atributos se verifica para autorizar su acceso.

 Actividades

9. Analice el papel de los certificados de atributos y de identidad en la PMI y su impacto en la seguridad de la gestión de accesos y privilegios.
10. Busque información sobre el proceso de monitoreo y auditoría de actividades privilegiadas dentro de una PMI y elabore un resumen sobre las mejores prácticas para garantizar el cumplimiento normativo y la seguridad en la gestión de privilegios.

 Aplicación práctica

A continuación, se presenta un proceso de implementación de la PMI en una organización, pero los pasos están desordenados.

Continúa en página siguiente >>

<< Viene de página anterior

Ordene correctamente los pasos del proceso de implementación de la PMI:

I Auditoría y generación de informes sobre actividades privilegiadas
I Implementación de controles de autenticación y autorización mediante políticas y procedimientos
I Descubrimiento y registro de cuentas privilegiadas
I Monitoreo de actividades privilegiadas para detectar cualquier actividad sospechosa

SOLUCIÓN

El proceso correctamente ordenado es el siguiente:

1. Descubrimiento y registro de cuentas privilegiadas
2. Implementación de controles de autenticación y autorización mediante políticas y procedimientos
3. Monitoreo de actividades privilegiadas para detectar cualquier actividad sospechosa
4. Auditoría y generación de informes sobre actividades privilegiadas

---

8. Campos de certificados de atributos, incluyen la descripción de sus usos habituales y la relación con los certificados digitales

Los campos de certificados de atributos constituyen una parte integral de los certificados digitales, contienen información específica que describe diversos aspectos del certificado.

Los certificados de atributos se utilizan para especificar y verificar los privilegios y derechos asociados a una identidad digital. Aseguran que solo los usuarios autorizados puedan acceder a determinados recursos o realizar operaciones específicas.

En términos prácticos, los certificados de atributos suelen incluir campos detallados que describen los usos habituales, como la autorización para acceder a datos sensibles en sistemas gubernamentales, realizar transacciones financieras en instituciones bancarias o acceder a información médica en el sector sanitario. Estos atributos permiten a las organizaciones definir con precisión los niveles de acceso y las acciones permitidas para cada usuario, con lo que mejora la seguridad y la eficiencia operativa.

La relación con los certificados digitales es estrecha y complementaria. Los certificados digitales autentican la identidad de un usuario y garantizan que la persona es quien dice ser. Sin embargo, para una gestión más precisa de los privilegios, los certificados de atributos añaden información específica sobre los permisos del usuario. Por ejemplo, un funcionario público podría tener un certificado digital que autentique su identidad y un certificado de atributos que detalle sus permisos para acceder a ciertos sistemas o datos dentro de su organismo.

Los campos de certificados de atributos se utilizan para almacenar información específica sobre el certificado, como el nombre del titular, la entidad emisora, el período de validez y la clave pública del titular. Esta información resulta esencial para la autenticación y la seguridad en las comunicaciones digitales, pues permite verificar la identidad del titular y asegurar la integridad de las interacciones.

 Nota

Los campos de certificados de atributos son componentes de la estructura de un certificado digital. Este documento electrónico emplea una firma digital para asociar una clave pública con una identidad específica, y esto permite verificar que una clave pública corresponde a un individuo o entidad determinada. Además, suministran información detallada que contribuye a validar la autenticidad del certificado.

En el contexto de las PKI existen varios tipos de certificados digitales, cada uno con características y campos específicos, que cumplen diferentes funciones en la autenticación y seguridad digital. A continuación, se presenta una tabla que resume los principales tipos de certificados digitales, sus características y los campos que contienen:

Tipo de certificado	Características	Campos
Certificado de ciudadano (DNIe)	Permite la identificación y firma electrónica de ciudadanos.	Nombre del titular, entidad emisora, período de validez, clave pública, número de serie, firma digital de la CA.
Certificado de persona jurídica	Identifica y permite la firma electrónica de entidades jurídicas.	Nombre de la entidad, entidad emisora, período de validez, clave pública, número de serie, firma digital de la CA.
Certificado de representante	Autentica la identidad de representantes legales.	Nombre del representante, nombre de la entidad representada, entidad emisora, período de validez, clave pública, número de serie, firma digital de la CA.
Certificado de servidor SSL	Asegura la conexión entre un servidor web y un navegador.	Nombre del servidor, entidad emisora, período de validez, clave pública, nombre del dominio, número de serie, firma digital de la CA.
Certificado de sede electrónica	Identifica oficialmente las sedes electrónicas de las administraciones públicas.	Nombre de la sede, entidad emisora, período de validez, clave pública, número de serie, firma digital de la CA.
Certificado de firma de código	Garantiza la autenticidad del *software* distribuido.	Nombre del desarrollador, entidad emisora, período de validez, clave pública, número de serie, firma digital de la CA.
Certificado de atributos	Asocia atributos específicos con una identidad.	Nombre del titular, entidad emisora, período de validez, atributos específicos (roles, permisos), número de serie, firma digital de la CA.
Certificado raíz	Es emitido por una Autoridad de CA.	Nombre de la CA, clave pública de la CA, período de validez, número de serie, firma digital de la CA.
Certificado intermedio	Es emitido por una CA intermedia y utilizado para firmar otros certificados.	Nombre de la CA, entidad emisora, clave pública, período de validez, número de serie, firma digital de la CA raíz.

A continuación, se expone la descripción de los campos:

- **Nombre del titular:** identifica al propietario del certificado.
- **Entidad emisora:** organización que emite el certificado.
- **Período de validez:** fecha de inicio y fin de la validez del certificado.

- **Clave pública:** clave asociada a la identidad del titular para cifrado y firma.
- **Número de serie:** identificador único del certificado.
- **Firma digital de la CA:** validación de la autenticidad del certificado por parte de la CA.
- **Nombre del servidor:** para certificados SSL, identifica el servidor web.
- **Nombre del dominio:** para certificados SSL, especifica el dominio del servidor.
- **Atributos específicos:** para certificados de atributos, incluye roles, permisos u otras características del titular.
- **Nombre de la entidad:** para certificados de persona jurídica y de representante, identifica la entidad asociada.
- **Nombre de la sede:** para certificados de sede electrónica, identifica la sede electrónica oficial.

 ## Aplicación práctica

El gobierno de una ciudad ha creado un nuevo portal web donde los ciudadanos pueden acceder a servicios públicos en línea. Es muy importante que los ciudadanos confíen en la autenticidad del sitio web y que las conexiones estén aseguradas.

¿Qué tipo de certificado es más adecuado para este portal web gubernamental?

SOLUCIÓN

El tipo de certificado más adecuado es un **certificado de servidor SSL,** que asegura la conexión entre un servidor web y un navegador, con lo cual proporciona autenticidad y cifrado de datos, lo cual es esencial para un portal web gubernamental.

Actividades

11. Analice las diferencias entre los certificados de servidor SSL y los certificados de firma de código, y su impacto en la seguridad de la comunicación y la distribución de *software.*
12. Investigue el rol y la importancia de los certificados raíz e intermedios en una PKI y explique cómo aseguran la cadena de confianza en las comunicaciones digitales.

9. Aplicaciones que se apoyan en la existencia de una PKI

Existen diversas aplicaciones que aprovechan la PKI para garantizar la seguridad y autenticidad en sus operaciones. Algunos ejemplos de estas aplicaciones son:

- **Navegadores web:** *Google Chrome, Firefox* y *Safari* emplean la PKI para establecer conexiones seguras con sitios web mediante HTTPS.
- **Clientes de correo electrónico:** programas como *Outlook* y *Thunderbird* utilizan la PKI para cifrar correos electrónicos y autenticar a los remitentes a través de tecnologías como S/MIME.
- **Servicios de almacenamiento en la nube:** plataformas como *Dropbox* y *Google Drive* pueden usar la PKI para cifrar archivos, para asegurar que solo los destinatarios autorizados tengan acceso a la información.
- **Redes privadas virtuales (VPN):** aplicaciones de VPN como *OpenVPN* y *Cisco AnyConnect* se sirven de la PKI para autenticar conexiones a la VPN.
- **Plataformas de comercio electrónico:** sitios web como Amazon y eBay implementan la PKI para proteger las transacciones y la comunicación entre los usuarios y la plataforma.
- **Servicios de banca en línea:** los bancos utilizan la PKI para ofrecer un entorno seguro para las transacciones en línea.
- **Servicios gubernamentales en línea:** muchos Gobiernos emplean la PKI para permitir que los ciudadanos interactúen de manera segura con los servicios en línea del Gobierno.
- **Dispositivos del internet de las cosas (IoT):** numerosos dispositivos IoT utilizan la PKI para autenticar y cifrar la comunicación entre dispositivos.

Nota

La PKI es fundamental en la protección de la identidad digital y la prevención de fraudes en una amplia gama de sectores, por ejemplo en sanidad (donde se utiliza para asegurar la privacidad de los datos médicos) y en educación (para garantizar la integridad de los certificados y calificaciones emitidos electrónicamente).

Actividades

13. ¿Cómo utilizan los navegadores web como *Google Chrome, Firefox* y *Safari* la PKI para asegurar las conexiones de los usuarios?
14. Explore el uso de la PKI en las aplicaciones de VPN y explique cómo esta tecnología asegura la autenticación y privacidad de las conexiones VPN en entornos corporativos y personales.

10. Resumen

La PKI proporciona un marco confiable para la gestión de claves y certificados digitales, esenciales para la autenticidad, integridad y confidencialidad de las comunicaciones digitales. Los componentes clave de una PKI incluyen la CA (que emite y gestiona certificados), la RA (que valida las solicitudes de certificados) y los certificados digitales (que vinculan una clave pública con la identidad de su propietario). La PKI también utiliza pares de claves públicas y privadas para el cifrado y la verificación de firmas digitales, así como listas de CRL para mantener la seguridad del sistema. Las CPS definen las normas y procedimientos que rigen la emisión y gestión de certificados. Además, la PMI complementa la PKI al gestionar los derechos y privilegios de acceso de los usuarios mediante certificados de atributos.

En España, la PKI es fundamental para la protección de comunicaciones digitales y la gestión de identidades en aplicaciones gubernamentales y empresariales. Entidades como la Fábrica Nacional de Moneda y Timbre (FNMT-RCM) actúan como CA, emitiendo certificados digitales utilizados en la Administración Electrónica para autenticar a ciudadanos y funcionarios. Por ejemplo, los certificados de la FNMT permiten la presentación de impuestos a través de la Agencia Tributaria. Otras autoridades de certificación, como Camerfirma, también emiten certificados para empresas, lo que facilita el comercio electrónico seguro y la firma digital de documentos.

La CA tiene la responsabilidad de emitir, gestionar y revocar certificados digitales. Este proceso incluye la verificación de identidad de los solicitantes, la renovación y actualización de certificados, y la revocación de certificados comprometidos. La CA utiliza herramientas como la CRL y el OCSP para comunicar la revocación de certificados. La infraestructura técnica de la CA debe ser robusta y segura, ha de cumplir con altos estándares de seguridad. Las políticas de certificados y las CPS aseguran que los procesos de certificación se realicen de manera consistente y segura, cumpliendo con regulaciones y estándares internacionales. La interoperabilidad entre diferentes CA es esencial, especialmente para aplicaciones transfronterizas.

La CRL es un mecanismo fundamental que permite a los usuarios verificar la validez de los certificados en cualquier momento. Incluye información sobre certificados que han sido revocados antes de su fecha de expiración. Los usuarios pueden consultar las CRL a través de diversos medios, como LDAP y HTTP, para asegurarse de que no confían en certificados comprometidos.

Las CSR son fundamentales para obtener un certificado SSL/TLS. Estas solicitudes contienen detalles sobre el solicitante y su organización, y se generan en el servidor donde se instalará el certificado. Una vez generada, la CSR se envía a la CA, que valida la información y emite el certificado SSL.

La PMI gestiona los derechos y privilegios de acceso de los usuarios dentro de una organización mediante certificados de atributos. Estos certificados permiten asociar privilegios específicos a una identidad digital, asegurando que solo los usuarios autorizados puedan acceder a determinados recursos.

Los certificados de atributos son una parte integral de los certificados digitales y contienen información específica sobre los privilegios y derechos asociados a una identidad digital. Estos certificados permiten a las organizaciones definir niveles de acceso precisos, con lo que mejora la seguridad y la eficiencia operativa. La relación entre certificados de atributos y certificados digitales es complementaria: mientras que los certificados digitales autentican la identidad del usuario, los certificados de atributos detallan sus permisos específicos.

Diversas aplicaciones aprovechan la PKI para garantizar la seguridad y autenticidad en sus operaciones. Esto incluye navegadores web, clientes de correo electrónico, servicios de almacenamiento en la nube, VPN, plataformas de comercio electrónico, servicios de banca en línea y dispositivos IoT.

Ejercicios de repaso y autoevaluación

1. Defina la PKI y explique su importancia en la seguridad digital.

_____
_____
_____
_____

2. Mencione dos componentes principales de una PKI y su función.

_____
_____
_____
_____

3. ¿Qué documento digital vincula una clave pública con la identidad de su propietario en una PKI?

    a. Clave privada
    b. Certificado digital
    c. Lista de Certificados Revocados (CRL)
    d. Política de certificados

4. Explique el proceso de revocación de certificados digitales en una PKI.

_____
_____
_____
_____

5. Describa la función de la CA dentro de una PKI.

6. ¿Qué tipo de clave debe mantenerse en secreto en una PKI?

   a. Clave pública
   b. Clave privada
   c. Clave de sesión
   d. Clave simétrica

7. Explique la diferencia entre la CA y la RA en una PKI.

8. Describa un escenario en el que se utilizaría una CRL.

9. ¿Cuál de las siguientes no es una función de la CA?

   a. Emitir certificados digitales
   b. Validar las solicitudes de certificados
   c. Revocar certificados comprometidos
   d. Publicar políticas de certificados

10. Explique el concepto *firma digital* y su relación con los certificados digitales.

_____
_____
_____
_____

11. Enumere y explique brevemente las características de tres tipos de certificados digitales.

_____
_____
_____
_____

12. ¿Qué protocolo se utiliza para comprobar el estado de validez de un certificado electrónico en línea?

    a. HTTPS
    b. FTP
    c. OCSP
    d. IMAP

13. Describa el proceso de emisión de un certificado digital por parte de una CA.

_____
_____
_____
_____
_____
_____
_____

14. **¿Qué tipo de certificado digital se utiliza para asegurar la conexión entre un servidor web y un navegador?**

   a. Certificado de cliente
   b. Certificado de firma de código
   c. Certificado de servidor SSL
   d. Certificado de atributos

15. **¿Cuál es la diferencia entre un certificado raíz y un certificado intermedio en una PKI?**

Capítulo 3
Comunicaciones seguras

Contenido

1. Introducción

Las comunicaciones seguras han adquirido una relevancia primordial en el mundo contemporáneo, en el que la protección de la información y la privacidad son pilares fundamentales en la gestión de redes y sistemas informáticos. En este contexto, las tecnologías de VPN emergen como soluciones efectivas para garantizar la confidencialidad y la integridad de los datos transmitidos a través de redes públicas y privadas. Estas redes permiten crear conexiones seguras y cifradas, aseguran que los datos viajen de manera protegida desde el punto de origen hasta el destino.

El protocolo IPSec ofrece una seguridad robusta en las comunicaciones IP, mediante mecanismos avanzados de cifrado y autenticación. A su vez, los protocolos SSL y SSH aportan soluciones versátiles y confiables para el establecimiento de conexiones seguras en diversas aplicaciones, desde la navegación web hasta la administración remota de sistemas.

Los sistemas SSL VPN presentan una alternativa eficiente, al permitir el acceso seguro a recursos corporativos a través de navegadores web estándar, sin necesidad de *software* adicional. Por otro lado, los túneles cifrados juegan un rol esencial al proporcionar canales seguros dentro de redes potencialmente inseguras, con lo cual garantizan la privacidad de las comunicaciones.

Finalmente, la implantación de la tecnología VPN conlleva una serie de ventajas e inconvenientes que deben ser evaluados cuidadosamente.

2. Definición, finalidad y funcionalidad de redes privadas virtuales

Las redes privadas virtuales, comúnmente conocidas como VPN *(Virtual Private Network)*, se definen como tecnologías que permiten crear una conexión segura y cifrada entre dos o más dispositivos a través de internet. Estas redes se utilizan principalmente para asegurar la privacidad y proteger los datos en tránsito, especialmente cuando se accede a redes públicas o compartidas.

La **finalidad** principal de las VPN es garantizar la seguridad y privacidad de las comunicaciones digitales. Esto se logra mediante el cifrado de los datos enviados y recibidos, lo que impide que terceros intercepten y accedan a información sensible. Además, las VPN permiten a los usuarios acceder a recursos de una red interna de forma remota, como si estuvieran conectados físicamente a esa red, lo cual es particularmente útil para empresas con empleados que trabajan desde diferentes ubicaciones.

La **funcionalidad** de las VPN abarca varios aspectos clave:

- Proporcionan anonimato en línea al ocultar la dirección IP del usuario, lo que dificulta el rastreo de sus actividades en internet.
- Permiten el acceso a contenido restringido geográficamente, al simular que la conexión proviene de una ubicación diferente.
- Mejoran la seguridad de las conexiones en redes públicas, como las redes wifi de cafeterías y aeropuertos, con lo cual protegen contra posibles ataques y espionaje.
- Las VPN son fundamentales para garantizar la integridad de los datos transmitidos, ya que el cifrado impide que la información sea alterada durante el tránsito.

El proceso para configurar y cambiar a una VPN varía dependiendo del sistema operativo. A continuación, se detallan los pasos para *Windows 11* y *Linux*.

2.1. *Windows 11*

A continuación, se detalla el proceso para configurar una conexión VPN en *Windows 11,* incluyendo los pasos necesarios para acceder a la configuración de VPN, agregar una nueva conexión, introducir los detalles requeridos, y finalmente, guardar y conectar la VPN:

1. Acceder a **Configuración de VPN:**

    - Hacer clic en el botón **Inicio** y luego en **Configuración** (icono de engranaje).
    - Seleccionar **Red e Internet** y luego **VPN.**

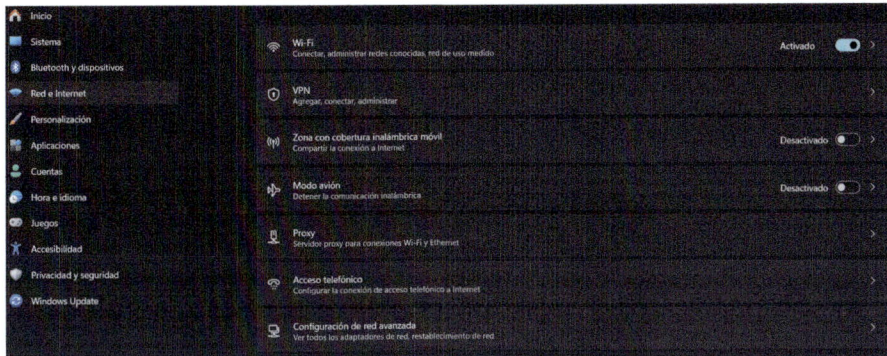

2. Agregar una conexión VPN:

❙ Hacer clic en **Agregar VPN.**

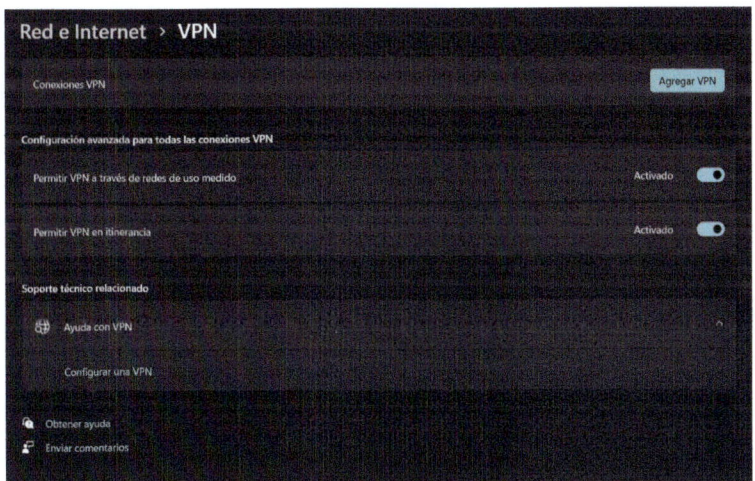

❙ En el campo **Proveedor de VPN,** seleccionar *Windows (integrado).*

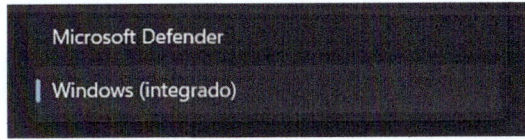

3. Ingresar los detalles de la VPN:

▮ Nombre de la conexión: un nombre identificativo para la VPN.
▮ Nombre o dirección del servidor: la dirección del servidor VPN.

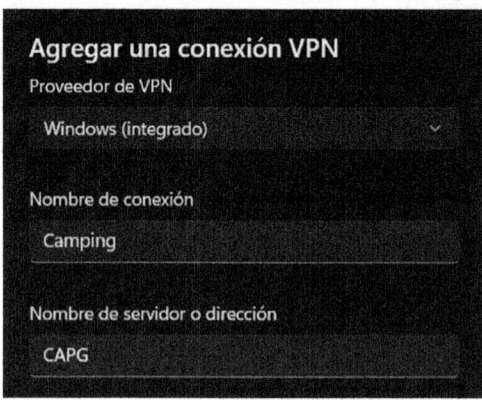

▮ Tipo de VPN: seleccionar el tipo de protocolo (por ejemplo, PPTP, L2TP/IPsec, SSTP, IKEv2).

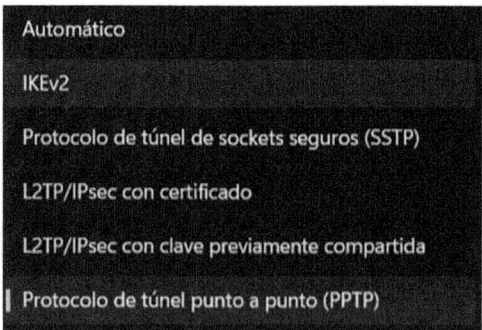

▮ Tipo de información de inicio de sesión: elegir cómo se autenticará (nombre de usuario y contraseña, tarjeta inteligente, contraseña de un solo uso y certificado).

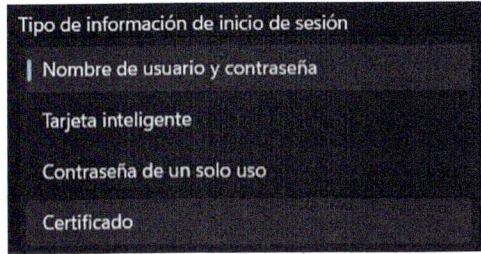

■ Introducir las credenciales de acceso.

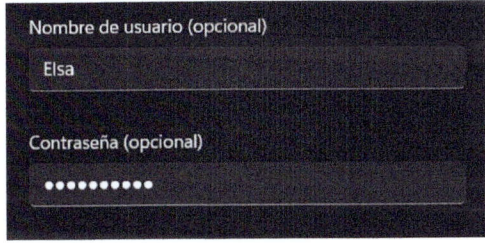

4. Guardar y conectar:

■ Hacer clic en **Guardar.**
■ Volver a la sección de **VPN** en **Configuración,** seleccionar la conexión creada y hacer clic en **Conectar.**

2.2. *Linux*

A continuación, se presentan los pasos detallados para configurar una VPN utilizando comandos en la terminal de una distribución de *Linux* basada en *Debian,* como *Ubuntu 24.04 LTS:*

1. Instalar los paquetes necesarios:

■ Primero, hay que asegurarse de que *Network Manager* y el *plugin* de *OpenVPN* estén instalados. Esto se puede hacer con los siguientes comandos:

```
sudo apt-get update
sudo apt-get install network-manager-openvpn-gnome
```

2. Crear una conexión VPN. Para agregar una nueva conexión VPN, se puede usar el comando **nmcli.** A continuación, se muestra un ejemplo de cómo agregar una conexión *OpenVPN:*

■ Importar un archivo de configuración .ovpn:

    ▎ Si se dispone de un archivo de configuración .ovpn, se puede importarlo directamente usando **nmcli:**

```
sudo nmcli connection import type openvpn file /ruta/a/tuarchivo.ovpn
```

■ Crear una conexión manualmente:

    ▎ Si se prefiere configurar la VPN manualmente, se puede hacer de la siguiente manera:

```
sudo nmcli connection add type vpn con-name MiVPN ifname -- vpn-type openvpn
sudo nmcli connection modify MiVPN vpn.data "remote=servidor_vpn,username=tu_usuario,password-flags=0"
sudo nmcli connection modify MiVPN vpn.secrets "password=tu_contraseña"
sudo nmcli connection modify MiVPN ipv4.never-default yes
sudo nmcli connection modify MiVPN ipv4.dns-priority -42
```

    ▎ Se debe ajustar servidor_vpn, tu_usuario y tu_contraseña con los valores específicos del proveedor de VPN.

3. Conectar a la VPN:

▮ Una vez configurada, se puede conectar a la VPN usando:

```
sudo nmcli connection up MiVPN
```

4. Verificar la conexión VPN:

▮ Para verificar que se está conectado a la VPN y comprobar la dirección IP, se puede usar:

```
curl ifconfig.me
```

▮ Esto debería mostrar la dirección IP del servidor VPN al que se está conectado.

5. Desconectar de la VPN:

▮ Para desconectarse de la VPN, se puede usar:

```
sudo nmcli connection down MiVPN
```

A continuación, se expone un ejemplo completo de configuración con *Network Manager* en *Linux:*

```
# Instalar los paquetes necesarios:
sudo apt-get update
sudo apt-get install network-manager-openvpn-gnome

# Importar el archivo de configuración .ovpn:
sudo nmcli connection import type openvpn file /ruta/a/tuarchivo.ovpn

# Conectar a la VPN:
sudo nmcli connection up nombre_de_tu_vpn

# Verificar la conexión:
curl ifconfig.me

# Desconectar de la VPN:
sudo nmcli connection down nombre_de_tu_vpn
```

 Aplicación práctica

Juan intentó configurar una VPN siguiendo los pasos que se detallan a continuación para el sistema operativo *Windows,* pero, después de seguir estos pasos, no pudo conectar con éxito a la VPN.

Revise los pasos que realizó Juan y determine cuál fue el error, es decir, qué paso esencial se saltó:

1. Accedió a Configuración de VPN.
2. Hizo clic en el botón de Inicio y luego en Configuración.
3. Seleccionó Red e internet y luego VPN.
4. Agregó una conexión VPN e hizo clic en Agregar VPN.
5. En el campo Proveedor de VPN seleccionó *Windows (integrado).*
6. Ingresó los detalles de la VPN: un nombre identificativo, la dirección del servidor, y seleccionó el tipo de protocolo.
7. Eligió cómo se autenticaría (nombre de usuario y contraseña).
8. Introdujo las credenciales de acceso.
9. Guardó y conectó haciendo clic en Guardar.
10. Conectó directamente desde la ventana de configuración VPN.

Continúa en página siguiente >>

<< Viene de página anterior

SOLUCIÓN

Juan se saltó el paso que consiste en volver a la sección de VPN en **Configuración,** seleccionar la conexión creada y hacer clic en **Conectar.** Este paso es importante porque permite verificar y establecer la conexión con la VPN. Sin esta acción, la configuración queda incompleta y la conexión no se activa, lo que impide que Juan pueda utilizar la VPN correctamente.

3. Protocolo IPSec

El protocolo IPSec *(Internet Protocol Security)* es un grupo de estándares abiertos creado por la *Internet Engineering Task Force* (IETF). Este protocolo ofrece seguridad criptográfica para el tráfico de red.

IPSec facilita la autenticación del origen de los datos, la confidencialidad, la integridad y la protección contra la repetición de datos. Además, es compatible tanto con IPv4 como con IPv6.

El término *IPSec VPN* se refiere al proceso de establecer conexiones mediante el protocolo IPSec, una práctica común para crear un enlace virtual cifrado a través de internet no seguro.

En comparación con SSL, configurar IPSec es más complicado, ya que necesita *software* cliente de terceros y no puede ser implementado a través de un navegador web.

IPSec se emplea frecuentemente para proporcionar acceso remoto seguro entre oficinas ubicadas en diferentes lugares.

Entre las características destacadas de IPSec VPN se encuentran:

- **Protección antirrepetición:** IPSec asigna un número de secuencia exclusivo a cada paquete para prevenir ataques de repetición.
- **Autenticación del origen de los datos:** el código de autenticación de mensajes *hash* (HMAC) verifica que los paquetes no sean modificados.

- **Secreto directo perfecto:** en un servicio VPN IPSec, PFS aumenta la seguridad de la conexión VPN, con lo que asegura una clave de sesión única para cada negociación.
- **Transparencia:** IPSec funciona por debajo de la capa de transporte, lo que lo hace transparente tanto para los usuarios como para las aplicaciones.
- **Recodificación dinámica:** la asignación de una nueva clave a intervalos establecidos elimina la necesidad de reconfiguración manual de claves secretas.
- **Confidencialidad:** los paquetes se cifran antes de su transmisión.

 Nota

A pesar del surgimiento de nuevos protocolos como WireGuard, que ofrecen una configuración más sencilla, mejor rendimiento y mayor seguridad, IPSec sigue siendo un protocolo de VPN consolidado y ampliamente adoptado, especialmente en redes VPN comerciales más grandes. Se utiliza frecuentemente en escenarios que requieren VPN de sitio a sitio. Es una de las mejores opciones en ese ámbito. Por lo tanto, aunque existen alternativas más modernas, IPSec sigue siendo relevante y ampliamente utilizado en 2024.

 Ejemplo

Una de las aplicaciones más comunes de IPSec es en la creación de VPN. Por ejemplo, una empresa con varias oficinas en diferentes ubicaciones puede usar IPSec para establecer una red segura y cifrada a través de internet. Esto permite que los empleados en distintas ubicaciones compartan recursos como si estuvieran en la misma red local.

Además, IPSec se utiliza frecuentemente para acceso remoto seguro. Un empleado que trabaje desde casa, por ejemplo, puede usar una VPN basada en IPSec para acceder de manera segura a los recursos de la red corporativa. Esto resulta especialmente útil cuando

Continúa en página siguiente >>

<< Viene de página anterior

el empleado necesita acceder a archivos o aplicaciones que se encuentran protegidos por un *firewall* corporativo.

Otro ejemplo de uso de IPSec es en el modo de transporte, utilizado para cifrar todo el tráfico entre dos puntos finales sin requerir una capa de enrutamiento. Esto es similar a la creación de una conexión TLS entre un ordenador y un sitio web; aunque no importe que alguien vea el tráfico entre los dos, es fundamental que esté cifrado.

Aplicación práctica

Un administrador de redes de una empresa multinacional quiere implementar VPN segura entre las oficinas de la empresa ubicadas en diferentes partes del mundo. La empresa valora mucho la seguridad de sus datos y desea utilizar un protocolo que ofrezca alta confidencialidad, integridad de datos y autenticación del origen de los datos. Además, es importante que el protocolo pueda manejar la recodificación dinámica y la protección contra ataques de repetición.

El administrador está considerando usar IPSec para establecer la VPN; sin embargo, tiene algunas preguntas sobre las características y la configuración de IPSec.

Explique tres motivos por los que IPSec cumple con los requisitos de seguridad de la empresa. Mencione características específicas que ayudan a mantener una conexión VPN segura.

SOLUCIÓN

IPSec es una excelente opción para establecer una VPN segura entre las oficinas de la empresa, debido a sus robustas características de seguridad. IPSec cumple con los requisitos de seguridad de la empresa por los siguientes motivos:

■ IPSec cifra los paquetes antes de su transmisión, para asegurar que los datos sensibles no puedan ser leídos por terceros no autorizados, lo que protege la información confidencial de la empresa durante su tránsito por internet.

Continúa en página siguiente >>

<< Viene de página anterior

▌ Mediante el uso del HMAC, IPSec verifica que los paquetes no hayan sido modificados durante la transmisión, lo que garantiza que los recibidos sean exactamente los mismos que los enviados, sin alteraciones.

▌ IPSec autentica el origen de los datos, lo que significa que la identidad de los remitentes se verifica antes de aceptar los paquetes, y esto evita que datos maliciosos o no autorizados entren en la red de la empresa.

4. Protocolos SSL/TLS y SSH

Los protocolos SSL y SSH son dos tecnologías de seguridad fundamentales en la red. Ambos proporcionan métodos para proteger las comunicaciones en línea a través de técnicas de cifrado.

SSL es un protocolo utilizado para cifrar los datos en tránsito entre dos lugares, como un navegador web y el servidor de un sitio web. Este protocolo es responsable del candado verde que aparece en los navegadores web, que nos informan de que la conexión es segura. Además, SSL se utiliza para aceptar de forma segura información sensible, como los datos de tarjetas de crédito, en sitios web. SSL normalmente emplea certificados digitales X.509 para la autenticación tanto del servidor como del cliente.

Una diferencia notable entre ambos protocolos es su ámbito de aplicación. SSL, que ha sido reemplazado en gran medida por su sucesor, TLS *(Transport Layer Security)*, se utiliza principalmente para proteger las comunicaciones web. Se enfoca en asegurar la transmisión de datos entre navegadores y servidores, lo que es esencial para el comercio electrónico y otras transacciones en línea. La autenticación en SSL/TLS se basa en certificados digitales, típicamente emitidos por las CA, que verifican la identidad de los servidores y, en algunos casos, de los clientes.

Por otro lado, SSH está diseñado para la administración remota segura de sistemas. Su principal uso es permitir el acceso remoto a servidores y la ejecución segura de comandos, lo que es fundamental para la gestión de servidores y redes. SSH utiliza un sistema de autenticación basado en pares de claves criptográficas, para proporcionar una capa de seguridad adicional mediante la autenticación de claves públicas y privadas. Además, SSH permite la creación de túneles cifrados para transferir datos de manera segura, lo que lo convierte en una herramienta versátil para administradores de sistemas.

Además, SSH incluye funcionalidades avanzadas, como la redirección de puertos y el uso de agentes de autenticación. La redirección de puertos permite a los usuarios reenviar tráfico de red de manera segura a través de la conexión SSH, para facilitar el acceso a servicios internos de la red de una manera segura. Los agentes de autenticación, por su parte, almacenan las claves privadas en memoria, para permitir autenticaciones automáticas y seguras en múltiples conexiones SSH sin necesidad de introducir repetidamente contraseñas o frases de paso.

En términos de implementación, ambos protocolos han visto una evolución significativa. SSL ha evolucionado hacia TLS, mejorando la seguridad y la eficiencia. SSH, en su evolución, ha incluido mejoras en el cifrado y en la gestión de claves, para adaptarse continuamente a las nuevas amenazas y necesidades de seguridad.

Ambos protocolos continúan siendo relevantes y ampliamente utilizados hoy. No obstante, es clave estar al tanto de las vulnerabilidades recientes que puedan afectar la seguridad de estos protocolos.

 Para saber más

Se ha identificado una vulnerabilidad crítica en *OpenSSH*, etiquetada como CVE-2024-6387, que permite la ejecución remota de código (RCE) con privilegios de *root* en sistemas *Linux*. Esta brecha de seguridad ha generado una preocupación significativa en la comunidad de ciberseguridad, subrayando la necesidad de mantener los sistemas actualizados y aplicar los parches de seguridad correspondientes.

Continúa en página siguiente >>

<< Viene de página anterior

En el siguiente enlace puedes encontrar un artículo con información más detallada sobre esta vulnerabilidad:

https://redirectoronline.com/mf04890301

A continuación se presenta una tabla comparativa de los protocolos TLS y SSH:

Característica	TLS	SSH
Propósito principal	Cifrar datos en tránsito entre navegador y servidor	Establecer una conexión remota segura para comandos
Uso común	Sitios web seguros, transacciones en línea	Acceso remoto a servidores, administración de sistemas
Autenticación	Certificados digitales X.509	Claves públicas y privadas
Protocolos relacionados	HTTPS	SFTP *(SSH File Transfer Protocol)*, SCP *(Secure Copy Protocol)*
Indicador visual	Candado verde en el navegador	No aplica
Funcionamiento	Cifra datos en tránsito usando certificados	Crea túneles de red seguros para la transmisión de comandos
Uso de puertos	Puerto 443 (HTTPS)	Puerto 22
Método de cifrado	Simétrico y asimétrico (ej. AES, RSA)	Simétrico y asimétrico (ej. AES, RSA)

Continúa en página siguiente >>

<< Viene de página anterior

Característica	TLS	SSH
Relevancia	Amplio uso en sitios web y aplicaciones seguras	Amplio uso en administración de servidores y transferencia segura de archivos
Ejemplos	Comercio electrónico, banca en línea, protección de datos sensibles	Administración de servidores, acceso remoto seguro, transferencia de archivos seguros

En *Windows* es posible configurar SSL/TLS mediante el panel de control, tal y como se expone a continuación:

1. Abrir el panel de control.
2. Seleccionar **Redes e internet** y luego *Opciones de internet:*

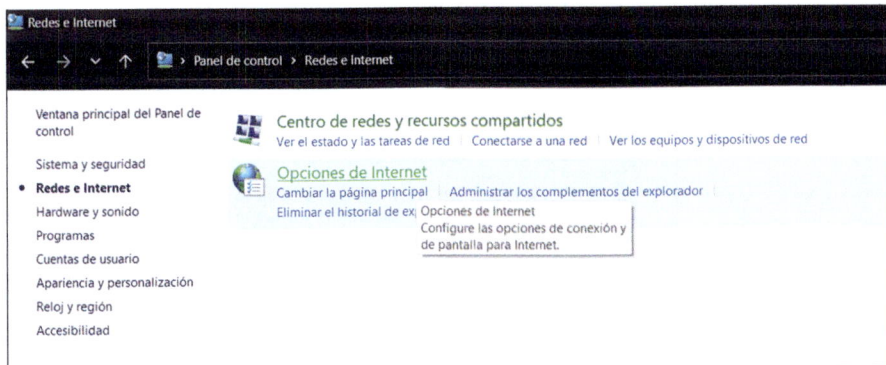

3. Ir a la pestaña *Opciones avanzadas:*

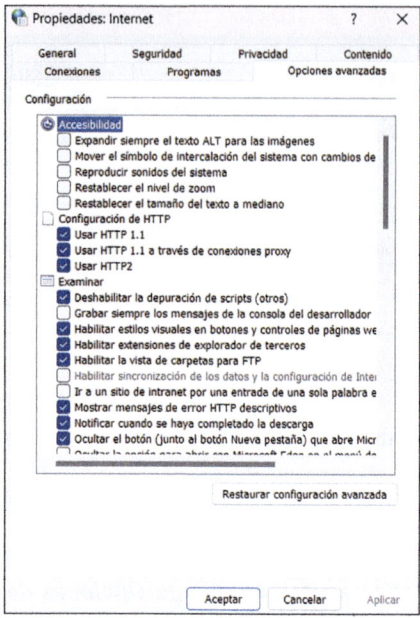

4. Desplazarse hacia abajo hasta la sección *Seguridad.*

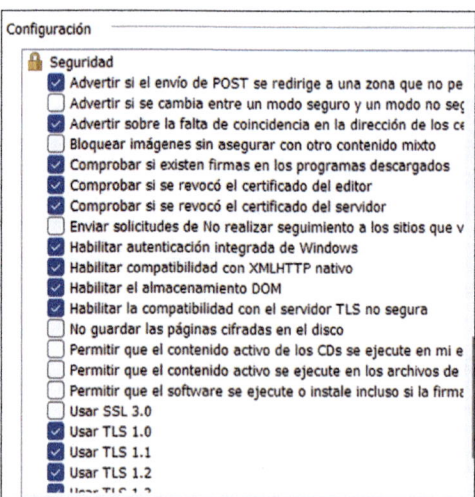

▪ Aquí se pueden marcar o desmarcar las versiones de SSL y TLS que se desean habilitar o deshabilitar.

▐ Por ejemplo, para habilitar TLS 1.2 y TLS 1.3 hay que asegurarse de que estén marcadas estas opciones.

Configurar SSL en *Ubuntu 24.04 LTS (Linux)* implica instalar y configurar un servidor web (como *Apache* o *Nginx),* generar un certificado SSL y configurar el servidor para usar ese certificado. Aquí se expone una guía, paso a paso, para configurar SSL en un servidor *Apache,* que es uno de los servidores web más comunes en *Linux:*

```
# Actualizar los paquetes e instalar Apache y OpenSSL si no están ya instalados
sudo apt update
sudo apt install apache2 openssl

# Habilitar el módulo SSL en Apache
sudo a2enmod ssl

# Habilitar el sitio de configuración SSL predeterminado
sudo a2ensite default-ssl

# Generar una clave privada y una solicitud de firma de certificado (CSR) usando OpenSSL
# Durante este proceso, se te pedirá información sobre tu organización y dominio.
sudo openssl req -new -newkey rsa:2048 -nodes -keyout /etc/ssl/private/apache-selfsigned.key -out /etc/ssl/certs/apache-selfsigned.
```

```
# Generar un certificado SSL autogenerado para pruebas o uso interno
sudo openssl x509 -req -days 365 -in /etc/ssl/certs/apache-selfsigned.csr -signkey /etc/ssl/private/apache-selfsigned.key -out /etc/ssl/certs/apache-selfsig

# Editar el archivo de configuración SSL predeterminado para apuntar a los archivos de tu certificado y clave privada
sudo nano /etc/apache2/sites-available/default-ssl.conf

# Asegúrate de que las siguientes líneas estén en el archivo de configuración:
# SSLEngine on
# SSLCertificateFile /etc/ssl/certs/apache-selfsigned.crt
# SSLCertificateKeyFile /etc/ssl/private/apache-selfsigned.key
```

```
# Reiniciar Apache para aplicar los cambios
sudo systemctl restart apache2

# Asegurarse de que el firewall permita el tráfico en el puerto 443
sudo ufw allow 'Apache Full'

# Para redirigir todo el tráfico HTTP a HTTPS, edita el archivo de configuración del sitio habilitado
sudo nano /etc/apache2/sites-available/000-default.conf

# Añadir la siguiente configuración para redirigir HTTP a HTTPS:
# <VirtualHost *:80>
#     ServerName www.tu_dominio
#     Redirect "/" "https://www.tu_dominio/"
# </VirtualHost>

# Reiniciar Apache para aplicar los cambios
sudo systemctl restart apache2

# (Opcional) Obtener y configurar un certificado SSL de Let's Encrypt
# Instalar Certbot, la herramienta para obtener certificados de Let's Encrypt
sudo apt install certbot python3-certbot-apache

# Obtener y configurar automáticamente un certificado SSL de Let's Encrypt
sudo certbot --apache

# Seguir las instrucciones interactivas para obtener el certificado y configurar Apache automáticamente
```

Este *script* cubre la instalación de *Apache* y *OpenSSL,* la generación de un certificado SSL autofirmado, la configuración de *Apache* para usar SSL y la opción de redirigir todo el tráfico HTTP a HTTPS. También incluye un paso opcional para obtener un certificado SSL de Let's Encrypt.

La configuración SSH en *Windows 11* y *Linux* es diferente. A continuación se detalla cómo hacerlo en ambos.

Configurar SSH en *Windows 11* permite gestionar conexiones remotas de forma segura utilizando el protocolo SSH. Este proceso incluye la instalación de *OpenSSH,* la configuración del servidor SSH y la apertura del puerto necesario en el *firewall.* A continuación, se detalla cada paso:

1. Abrir la configuración de *Windows:*

   ▮ Ir a **Inicio** y seleccionar **Configuración.**

2. Acceder a las características opcionales:

   ▮ Ir a **Sistema** y luego hacer clic en **Características opcionales.**

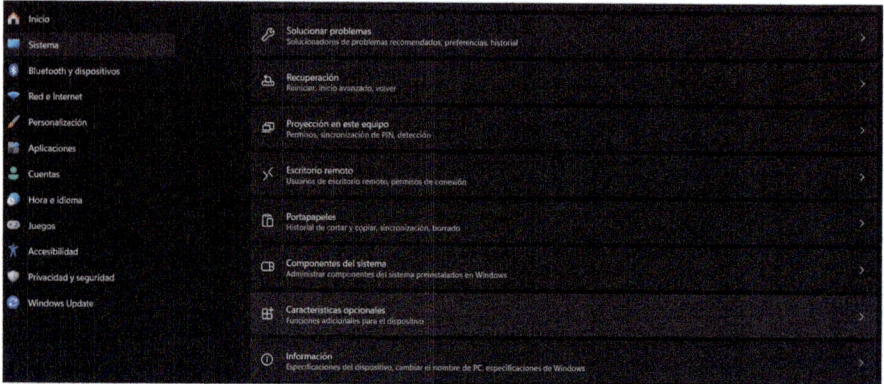

3. Ver las características instaladas:

   ▮ Revisar las diferentes características ya instaladas en el sistema.

4. Activar el cliente OpenSSH:

  ▍ Asegurar de que el cliente OpenSSH esté activo haciendo clic sobre él.

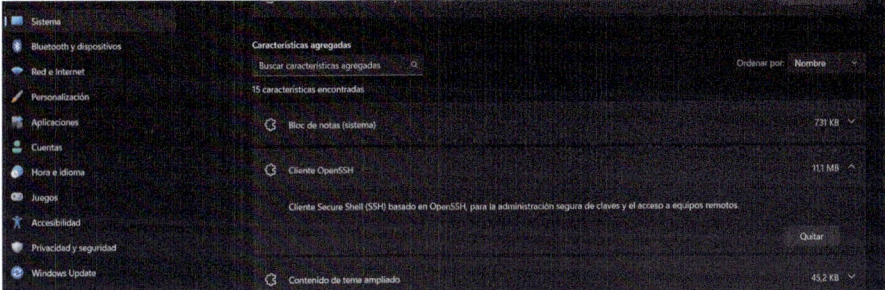

5. Agregar una característica opcional:

  ▍ Hacer clic en *Ver características* en la sección **Agregar una caracte-rística opcional.**

6. Buscar SSH en las características:

  ▍ En la nueva ventana, buscar **SSH.**

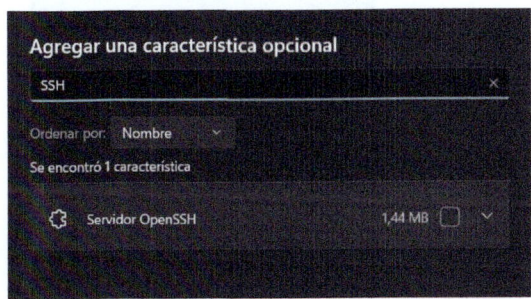

7. Activar el servidor *OpenSSH:*

▮ Marcar la casilla de **Servidor OpenSSH** y hacer clic en **Siguiente.**

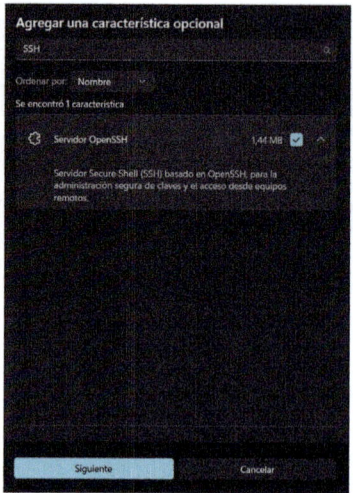

8. Instalar el servidor *OpenSSH:*

▮ Proceder con la instalación del servidor *OpenSSH* haciendo clic en
Agregar.

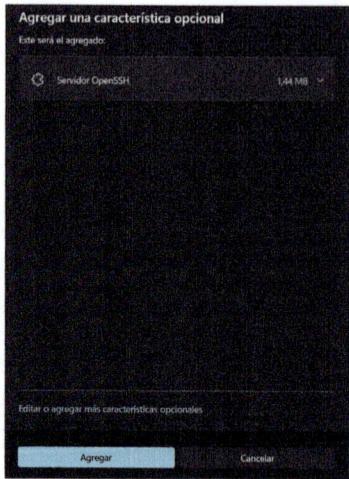

9. Finalizar la instalación:

   ▮ Esperar a que finalice la instalación de *OpenSSH.*

10. Verificar la instalación:

    ▮ Abrir el explorador de archivos y navegar a C:\Windows\system32\ Openssh.

11. Comprobar las utilidades de *OpenSSH:*

    ▮ Asegurar que estén presentes las utilidades como sftp-server.exe, ssh-agent.exe, ssh-keygen.exe, y sshd.exe.

12. Ejecutar *OpenSSH* en segundo plano:

    ▮ En *Windows 11, OpenSSH* se ejecuta en segundo plano, por lo que no aparecerá el servicio sshd en la sección de servicios locales.

13. Abrir CMD como administrador:

    ▮ Ejecutar CMD como administrador.

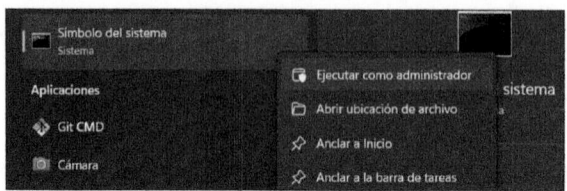

14. Ir al directorio de *OpenSSH* y generar la clave de seguridad:

▌ Ejecutar los siguientes comandos para ir al directorio de *OpenSSH* y generar la clave de seguridad:

15. Abrir el explorador de archivos:

▌ Navegar a C:\windows\system32\Openssh para ver la clave de seguridad de *OpenSSH*.

16. Habilitar el puerto 22 en el *firewall* utilizando CMD:

▌ Desde CMD, ejecutar el siguiente comando para permitir el tráfico en el puerto 22:

```
c:\Windows\System32\OpenSSH>netsh advfirewall firewall add rule name="SSHD Port" dir=in action=allow protocol=TCP localport=22
Aceptar
```

17. Habilitar el puerto 22 utilizando *PowerShell:*

▌ Abrir *PowerShell* como administrador y ejecutar el siguiente comando:

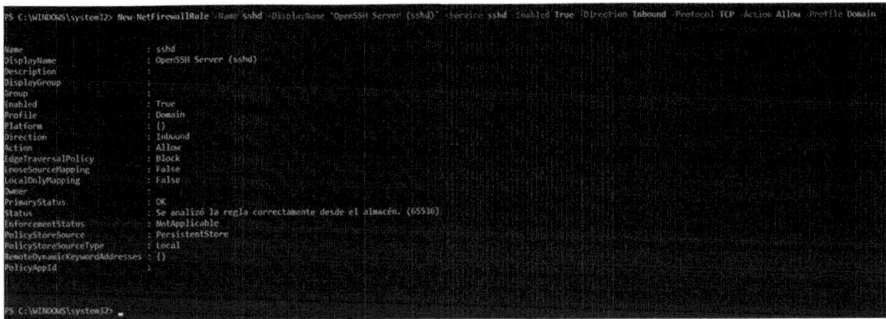

18. Ejecutar **ssh** en CMD:

▌ Abrir CMD y ejecutar **ssh** para visualizar las opciones de uso con este protocolo. Asegurarse de que está configurado correctamente.

```
C:\Windows\System32>ssh
usage: ssh [-46AaCfGgKkMNnqsTtVvXxYy] [-B bind_interface]
           [-b bind_address] [-c cipher_spec] [-D [bind_address:]port]
           [-E log_file] [-e escape_char] [-F configfile] [-I pkcs11]
           [-i identity_file] [-J [user@]host[:port]] [-L address]
           [-l login_name] [-m mac_spec] [-O ctl_cmd] [-o option] [-p port]
           [-Q query_option] [-R address] [-S ctl_path] [-W host:port]
           [-w local_tun[:remote_tun]] destination [command]

C:\Windows\System32>
```

La configuración de SSH en *Ubuntu 24.04 LTS (Linux)* es más común y generalmente más directa, ya que muchas distribuciones vienen con SSH instalado por defecto. El proceso es el siguiente:

```
# 1. Instalación del Servidor SSH:
# En la mayoría de las distribuciones de Linux (como Ubuntu, Debian, Centos, etc.), instala OpenSSH Server usando el gestor de paquetes.
sudo apt update
sudo apt install openssh-server
# Para distribuciones basadas en Red Hat:
sudo yum install openssh-server

# 2. Configuración del Servidor SSH:
# Edita el archivo de configuración /etc/ssh/sshd_config para ajustar las opciones según tus necesidades:
sudo nano /etc/ssh/sshd_config
# Algunas configuraciones comunes incluyen:
# Port 22: Define el puerto en el que el servidor SSH escucha.
# PermitRootLogin no: Deshabilita el inicio de sesión del usuario root por SSH para mayor seguridad.
# PasswordAuthentication yes/no: Habilita o deshabilita la autenticación por contraseña (puedes usar autenticación basada en claves).
# Reinicia el servicio SSH para aplicar los cambios:
sudo systemctl restart ssh
# Asegura que SSH se inicie automáticamente:
sudo systemctl enable ssh

# 3. Configuración del Firewall:
# Asegúrate de que el puerto 22 esté abierto en el firewall.
sudo ufw allow 22/tcp
sudo ufw reload

# 4.Conexión a Linux mediante SSH
# Desde otro dispositivo, usa un cliente SSH para conectarte:
ssh username@hostname_or_ip
```

 Actividades

1. Explique cómo SSL garantiza la seguridad de las transacciones en línea y mencione dos aplicaciones comunes de este protocolo.
2. Describa las diferencias clave entre SSL y SSH en términos de su uso y métodos de autenticación.
3. Realice una búsqueda en internet sobre las últimas vulnerabilidades reportadas para SSH en el último año y elabore un resumen de las medidas recomendadas para mitigarlas.

5. Sistemas SSL VPN

Las SSL VPN son una solución tecnológica ampliamente adoptada para permitir el acceso remoto seguro a redes corporativas y recursos internos. A diferencia de las VPN tradicionales que utilizan protocolos como IPsec, las SSL VPN emplean el protocolo SSL o su sucesor, TLS, para establecer una conexión segura a través de un navegador web estándar.

Una característica destacada de las SSL VPN es su capacidad para funcionar a través de *firewalls* y *proxies* sin necesidad de configuración adicional, lo que facilita su implementación y uso. Este tipo de VPN se ha convertido en una opción preferida para muchas organizaciones debido a su flexibilidad y facilidad de acceso desde cualquier lugar con conexión a internet.

Las SSL VPN permiten a los usuarios acceder a aplicaciones web, escritorios remotos y otros servicios internos de una empresa de manera segura. Para lograr esto, se emplea un cifrado robusto que protege los datos transmitidos entre el usuario y la red corporativa, evitando así el espionaje y la intercepción de información sensible.

En términos de implementación, las SSL VPN pueden ser configuradas para proporcionar acceso a través de un portal web donde los usuarios inician sesión utilizando sus credenciales. Una vez autenticados, los usuarios pueden acceder a una variedad de recursos según los permisos asignados.

A medida que las amenazas cibernéticas continúan evolucionando, las SSL VPN también han incorporado características avanzadas de seguridad, como la autenticación multifactor (MFA) y la inspección profunda de paquetes (DPI). Estas medidas adicionales ayudan a asegurar que el acceso a la red se mantenga seguro y que las posibles amenazas sean detectadas y mitigadas eficazmente.

Hoy, las SSL VPN siguen siendo una herramienta esencial para el acceso remoto seguro en entornos corporativos. La adopción de esta tecnología se ha visto impulsada por la creciente necesidad de soportar modelos de trabajo híbridos y remotos, donde la seguridad de las conexiones es una preocupación constante.

 Nota

Los administradores de TI valoran las SSL VPN por su capacidad de proporcionar acceso seguro sin comprometer la usabilidad. La compatibilidad con una amplia gama de dispositivos y sistemas operativos también contribuye a su popularidad, pues permiten a los usuarios conectarse desde *laptops, smartphones* y *tablets.*

El uso de sistemas SSL VPN también ha facilitado la adopción de políticas de *Bring Your Own Device* (BYOD) en las empresas. Permitir que los trabajadores usen sus propios dispositivos para acceder a los recursos de la empresa puede disminuir los costos de *hardware* y aumentar la satisfacción laboral, pero también agrega riesgos de seguridad adicionales. Las SSL VPN mitigan estos riesgos mediante la implementación de medidas de seguridad robustas que aseguran que solo dispositivos seguros y autorizados puedan conectarse a la red corporativa.

Las configuraciones de SSL VPN se pueden personalizar para diferentes niveles de acceso basados en el rol del usuario dentro de la organización. Por ejemplo, los administradores pueden tener acceso completo a todos los sistemas, mientras que los empleados de nivel inferior solo pueden acceder a los recursos necesarios para sus funciones. Este enfoque no solo mejora la seguridad al limitar el acceso innecesario, sino que también facilita el cumplimiento de normativas de privacidad y seguridad de datos.

Desde la perspectiva del usuario final, las SSL VPN proporcionan una experiencia de conexión fluida y directa. Al utilizar navegadores web comunes para establecer conexiones, se elimina la necesidad de instalar *software* adicional en la mayoría de los casos, lo que simplifica el proceso de conexión y reduce la carga de soporte técnico. Además, la integración con directorios corporativos como *Active Directory* permite una gestión centralizada de usuarios y políticas de acceso.

 Nota

En términos de rendimiento, las SSL VPN han mejorado significativamente, ofrecen conexiones rápidas y estables que soportan aplicaciones de uso intensivo de datos como videoconferencias y colaboración en tiempo real. Las optimizaciones en la compresión de datos y la gestión eficiente del tráfico ayudan a minimizar la latencia y maximizar el ancho de banda disponible, lo cual es vital para mantener la productividad en un entorno de trabajo remoto.

La seguridad es un componente esencial de las SSL VPN. Los avances en la tecnología de cifrado y la implementación de controles de seguridad adicionales, como la verificación continua de la integridad de la conexión y la detección de anomalías, aseguran que las comunicaciones permanezcan protegidas contra ataques cibernéticos. Los proveedores de soluciones SSL VPN están constantemente actualizando sus productos para responder a nuevas amenazas y vulnerabilidades, con el fin de asegurar que las organizaciones estén protegidas con las últimas tecnologías de seguridad.

Además, la capacidad de integrar soluciones de seguridad adicionales como *firewalls,* sistemas de prevención de intrusiones (IPS) y servicios de inteligencia de amenazas en tiempo real permite a las organizaciones crear un entorno de seguridad multicapa que es resiliente frente a una amplia gama de ataques.

El siguiente esquema recoge los aspectos principales de los sistemas SSL VPN:

- Características:

    - Operatividad a través de *firewalls* y *proxies* sin configuración adicional.
    - Flexibilidad y facilidad de acceso desde cualquier lugar con internet.

- Funcionalidad:

    - Acceso a aplicaciones web, escritorios remotos y otros servicios internos.
    - Cifrado robusto para proteger datos transmitidos.

- Implementación:

    - Acceso a través de un portal web con autenticación de usuario.
    - Gestión granular de permisos de acceso. Incorporación de MFA y DPI para mayor seguridad.

- Rendimiento:

  - Conexiones rápidas y estables.
  - Optimización en compresión de datos y gestión del tráfico.

- Seguridad:

  - Avances en tecnología de cifrado y controles de seguridad adicionales.
  - Actualización constante de productos para enfrentar nuevas amenazas.
  - Integración con soluciones de seguridad adicionales.

 Actividades

4. ¿Cuáles son las ventajas de utilizar una SSL VPN en lugar de una VPN tradicional basada en IPsec?
5. Explique cómo las SSL VPN aseguran la autenticidad de los usuarios y protegen los datos transmitidos.
6. Cree un esquema que muestre los pasos necesarios para configurar una SSL VPN en una organización, incluyendo las medidas de seguridad adicionales que se pueden implementar para fortalecer la conexión.

6. Túneles cifrados

Los túneles cifrados tienen como objetivo proporcionar una vía segura para que los datos puedan circular sin riesgo de ser interceptados por personas no autorizadas. Mediante el uso de técnicas avanzadas de cifrado, se garantiza que la información que viaja a través del túnel permanezca confidencial y protegida contra posibles ataques.

En el contexto de las VPN, los túneles cifrados se utilizan para conectar de forma segura dos redes, o un usuario y una red. Algunos protocolos como IPsec *(Internet Protocol Security)* y SSL/TLS *(Secure Sockets Layer/Transport Layer Security)* son comúnmente empleados para establecer estos túneles. IPsec opera en el nivel de red, cifrando y autenticando cada paquete de datos IP en una comunicación, lo que lo hace ideal para la creación de VPN entre redes corporativas. SSL/TLS, por otro lado, se utiliza principalmente para proteger las comunicaciones en aplicaciones web y asegurar que los datos transmitidos entre el navegador y el servidor web no sean accesibles para los atacantes.

SSH *(Secure Shell)* también utiliza túneles cifrados para proporcionar una conexión segura a través de redes inseguras. Este protocolo permite a los usuarios iniciar sesiones remotas seguras en otros sistemas, transmitir archivos de forma segura y ejecutar comandos en servidores remotos. La versatilidad de SSH se extiende a su capacidad para crear túneles cifrados que redirigen el tráfico de red y permiten que aplicaciones no seguras operen de manera segura a través de redes inseguras.

Otra tecnología que emplea túneles cifrados es el protocolo de tunelización GRE *(Generic Routing Encapsulation)*, que encapsula una variedad de protocolos de red dentro de enlaces punto a punto. Aunque GRE por sí solo no proporciona cifrado, a menudo se utiliza en combinación con IPsec para asegurar los datos encapsulados.

 Nota

En la actualidad, el uso de túneles cifrados sigue siendo fundamental para la seguridad en la transmisión de datos. La proliferación de dispositivos móviles y el aumento del trabajo remoto han incrementado la necesidad de soluciones seguras que protejan la información sensible mientras se transmite a través de redes públicas. Las organizaciones dependen cada vez más de estos túneles para asegurar la integridad y la confidencialidad de los datos en tránsito, especialmente cuando se accede a recursos corporativos desde ubicaciones remotas.

Las aplicaciones prácticas de los túneles cifrados son vastas y variadas. En el ámbito empresarial, se utilizan para asegurar las conexiones entre oficinas remotas y la sede central, protegiendo los datos que se intercambian entre ellas. En el entorno personal, los usuarios pueden emplear túneles cifrados para proteger su privacidad y evitar la vigilancia en línea, especialmente cuando utilizan redes wifi públicas.

Además, los avances en algoritmos de cifrado y las mejoras en el rendimiento de las tecnologías de túnel han facilitado una adopción más amplia y efectiva de estas soluciones de seguridad. Las herramientas modernas de gestión de VPN y los servicios de túneles cifrados integrados en soluciones de seguridad proporcionan configuraciones más fáciles y gestión centralizada, lo que reduce la complejidad y los costos asociados con la implementación de estas tecnologías.

 ## Actividades

7. Describa cómo el protocolo IPsec utiliza el cifrado para asegurar la transmisión de datos y mencione dos de sus características de seguridad más importantes.
8. ¿Cuál es la principal diferencia entre los túneles cifrados establecidos por SSH y los establecidos por GRE combinado con IPsec?
9. Investigue y elabore un informe sobre las mejores prácticas para mantener la seguridad de los túneles cifrados en una red corporativa, incluyendo la gestión de claves y la actualización de *software*.

 ## Aplicación práctica

Imagine que un cliente se presenta con la necesidad de asegurar la transmisión de datos entre dos oficinas remotas mediante túneles cifrados. Se requiere determinar cuál de las tecnologías y protocolos disponibles son adecuados para esta tarea.

A continuación, se describen varias opciones de protocolos y tecnologías relacionadas con túneles cifrados. Razone cuál es adecuada y cuál no se podría usar en este caso:

Continúa en página siguiente >>

<< Viene de página anterior

1. Información de tecnologías y protocolos disponibles:

  ı IPsec: protocolo de seguridad a nivel de red, cifra y autentica cada paquete de datos IP.
  ı SSL/TLS: protocolo de seguridad a nivel de aplicación, usado principalmente para aplicaciones web.
  ı SSH: protocolo que permite sesiones remotas seguras, transferencia segura de archivos y ejecución de comandos remotos.
  ı GRE: protocolo de encapsulación que no proporciona cifrado por sí solo, pero se puede usar en combinación con IPsec para cifrar los datos encapsulados.

2. Dispositivos disponibles:

  ı *Router* compatible con IPsec
  ı Servidor web configurado con SSL/TLS
  ı Servidor SSH
  ı *Router* compatible con GRE, pero sin soporte de IPsec

SOLUCIÓN

Protocolo IPsec: adecuado. El protocolo IPsec es ideal para conectar de forma segura dos redes corporativas remotas. Cifra y autentica cada paquete de datos IP, con lo cual garantiza la seguridad a nivel de red. Dado que se cuenta con un *router* compatible con IPsec, esta opción es viable y adecuada para el cliente.

Protocolo SSL/TLS: no adecuado. Aunque SSL/TLS proporciona una fuerte seguridad a nivel de aplicación, está orientado principalmente a proteger las comunicaciones en aplicaciones web, no a conectar redes enteras. No es la mejor opción para la necesidad específica de este cliente.

Protocolo SSH: parcialmente adecuado. SSH proporciona una conexión segura para sesiones remotas y transferencia de archivos, y puede crear túneles cifrados para redirigir tráfico. Sin embargo, no es la opción más eficiente para conectar dos redes completas de forma continua y segura como lo es IPsec.

Protocolo GRE (sin IPsec): no adecuado. GRE encapsula varios protocolos de red dentro de enlaces punto a punto, pero no proporciona cifrado por sí solo. Aunque se puede usar en combinación con IPsec para asegurar los datos encapsulados, el *router* disponible no soporta IPsec, por lo que no es una opción segura.

7. Ventajas e inconvenientes de las distintas alternativas para la implantación de la tecnología de VPN

La implementación de tecnologías de VPN puede llevarse a cabo de varias maneras, cada una con sus propias ventajas e inconvenientes.

A continuación, se exploran las principales opciones: VPN basadas en IPsec, SSL VPN, VPN de acceso remoto con clientes específicos y soluciones basadas en la nube.

VPN basadas en IPsec

Ventajas	Inconvenientes
Seguridad robusta: proporciona cifrado y autenticación fuertes, con lo cual protege los datos en tránsito.	Configuración compleja: requiere de conocimientos técnicos avanzados para una correcta implementación.
Compatibilidad amplia: funciona con una gran variedad de dispositivos de red, como *routers* y *firewalls*.	Problemas con NAT: la compatibilidad con NAT puede ser problemática y puede requerir configuraciones adicionales.
Transparencia para el usuario: una vez configurada, la VPN opera de manera continua sin necesidad de intervención manual.	Sobrecarga de rendimiento: el cifrado y la autenticación pueden afectar el rendimiento de la red.

SSL VPN

Ventajas	Inconvenientes
Acceso desde cualquier lugar: permite la conexión a través de navegadores web sin necesidad de *software* adicional.	Limitaciones de acceso: puede no proporcionar el mismo nivel de acceso completo a la red interna como IPsec.
Facilidad de uso: generalmente es más fácil de configurar y utilizar para los usuarios finales.	Dependencia del navegador: el rendimiento y la seguridad pueden depender del navegador utilizado.
Compatibilidad con NAT y *firewalls:* maneja mejor las configuraciones de NAT y *firewall* que IPsec.	Costes: las soluciones comerciales pueden ser costosas.

VPN de acceso remoto con clientes específicos

Ventajas	Inconvenientes
Control total: permite un control granular sobre el acceso remoto y las políticas de seguridad.	Necesidad de instalación de *software:* requiere que los usuarios instalen *software* cliente en sus dispositivos.
Alto nivel de seguridad: ofrece un cifrado y autenticación avanzados.	Mantenimiento continuo: el *software* cliente necesita actualizaciones y mantenimiento constantes.
Acceso completo: proporciona acceso total a la red corporativa, similar al acceso local.	Compatibilidad limitada: pueden existir problemas de compatibilidad con ciertos dispositivos y sistemas operativos.

Soluciones basadas en la nube

Ventajas	Inconvenientes
Escalabilidad: es fácil de escalar para adaptarse a un número creciente de usuarios.	Dependencia del proveedor: la seguridad y disponibilidad dependen del proveedor del servicio.
Mantenimiento reducido: el proveedor maneja la infraestructura y el mantenimiento.	Costos recurrentes: puede implicar costos continuos significativos.
Acceso global: facilita el acceso seguro desde cualquier lugar con conexión a internet.	Latencia: puede ser un problema dependiendo de la proximidad a los servidores del proveedor.

Al considerar la implementación de tecnologías de VPN, es importante evaluar los escenarios específicos de uso para determinar la mejor alternativa.

A continuación, se presentan varios escenarios comunes y las alternativas recomendadas para cada uno, junto con sus ventajas e inconvenientes específicos:

1. **Escenario corporativo con múltiples oficinas.** Alternativa recomendada: VPN basada en Ipsec.

   ∎ Ventajas específicas:

      ∎ Seguridad avanzada: adecuada para proteger datos sensibles entre múltiples oficinas.

▮ Operación continua: funciona de manera estable sin intervención constante.

▮ Inconvenientes específicos:

▮ Configuración compleja: requiere conocimientos técnicos avanzados.

▮ Problemas con NAT: puede haber desafíos con NAT que necesitan soluciones adicionales.

2. **Escenario de teletrabajo.** Alternativa recomendada: SSL VPN

▮ Ventajas específicas:

▮ Acceso fácil: permite a los trabajadores conectarse fácilmente desde cualquier lugar.

▮ Simplicidad: no requiere *software* de cliente adicional, solo un navegador web.

▮ Inconvenientes específicos:

▮ Acceso limitado: puede no proporcionar acceso completo a todos los recursos internos.

▮ Costes adicionales: las soluciones comerciales pueden ser costosas.

3. **Escenario de administración remota de servidores.** Alternativa recomendada: SSH.

▮ Ventajas específicas:

▮ Seguridad y control: proporciona un control granular y alta seguridad para la administración remota.

▮ Túneles cifrados: permite la creación de túneles cifrados para redirigir el tráfico de manera segura.

▌ Inconvenientes específicos:

▮ Configuración inicial laboriosa: requiere configuración inicial de claves y permisos.
▮ Compatibilidad: puede tener limitaciones con ciertos dispositivos o sistemas operativos.

4. **Escenario de acceso remoto a recursos corporativos complejos.** Alternativa recomendada: VPN de acceso remoto con clientes específicos.

▌ Ventajas específicas:

▮ Acceso total: proporciona acceso completo a la red corporativa.
▮ Seguridad avanzada: ofrece características de seguridad robustas.

▌ Inconvenientes específicos:

▮ *Software* cliente necesario: requiere instalación y configuración de *software* cliente.
▮ Mantenimiento continuo: necesita actualizaciones y mantenimiento regular.

5. **Escenario de pequeñas empresas o equipos distribuidos.** Alternativa recomendada: Soluciones basadas en la nube.

▌ Ventajas específicas:

▮ Escalabilidad: puede crecer fácilmente con la empresa.
▮ Mantenimiento reducido: el proveedor se encarga de la infraestructura y el mantenimiento.

▌ Inconvenientes específicos:

▮ Dependencia del proveedor: la seguridad y disponibilidad dependen del proveedor.
▮ Coseos recurrentes: los costos continuos pueden ser significativos a largo plazo.

Recuerde

Los principales factores por considerar en la elección de VPN son los siguientes:

I Seguridad: evaluar la robustez de los mecanismos de cifrado y autenticación. IPsec y SSL/TLS son estándares reconocidos.
I Facilidad de uso: considerar la simplicidad y facilidad de conexión para los usuarios finales.
I Costo: analizar los costos iniciales de implementación y los costos recurrentes de mantenimiento.
I Compatibilidad: asegurarse de que la solución sea compatible con la infraestructura existente.
I Rendimiento: considerar el impacto en el rendimiento de la red.
I Escalabilidad: asegurarse de que la solución pueda crecer con la organización.

Actividades

10. ¿Cuáles son las ventajas y desventajas de utilizar una VPN basada en la nube para una pequeña empresa?
11. ¿Por qué una empresa multinacional podría preferir una VPN basada en IPsec en lugar de una SSL VPN?
12. Busque información adicional y elabore un cuadro comparativo en el que detalle cuatro diferentes tecnologías de VPN e incluya sus usos recomendados específicos.

Aplicación práctica

Imagine que es un consultor de TI y un cliente le pide ayuda para elegir la mejor tecnología de VPN para su organización. A continuación, se describen varios escenarios

Continúa en página siguiente >>

<< Viene de página anterior

específicos en los que podrían implementarse diferentes tecnologías de VPN. Analice cada uno y determine cuál es la mejor opción de VPN para cada caso. Justifique su elección con sus ventajas específicas:

1. Empresa multinacional con oficinas en varios países
2. Equipo de trabajo remoto que necesita acceso seguro a la intranet corporativa
3. Administrador de sistemas que debe gestionar servidores de forma remota

SOLUCIÓN

1. Empresa multinacional con oficinas en varios países. Alternativa recomendada: VPN basada en Ipsec. Adecuada para proteger datos sensibles entre múltiples oficinas. Funciona de manera estable sin intervención constante.
2. Equipo de trabajo remoto que necesita acceso seguro a la intranet corporativa. Alternativa recomendada: SSL VPN. Permite a los empleados conectarse fácilmente desde cualquier lugar. No requiere *software* cliente adicional, solo un navegador web.
3. Administrador de sistemas que debe gestionar servidores de forma remota. Alternativa recomendada: SSH. Proporciona un control granular y alta seguridad para la administración remota, y permite la creación de túneles cifrados para redirigir el tráfico de manera segura.

---

8. Resumen

Las VPN permiten una conexión segura y cifrada entre dispositivos a través de internet. Protegen la privacidad y los datos en tránsito, especialmente en redes públicas. Estas redes aseguran que la información transmitida no sea interceptada por terceros y posibilitan el acceso remoto a recursos internos como si se estuviera físicamente conectado a la red local, lo cual es útil para empresas con empleados en diversas ubicaciones.

Las VPN también ocultan la dirección IP del usuario, con lo que dificultan el rastreo de actividades en internet y permiten el acceso a contenido restringido geográficamente. Además, mejoran la seguridad en redes públicas al proteger contra ataques y espionaje, y aseguran la integridad de los datos transmitidos mediante cifrado.

Configurar una VPN en *Windows* implica acceder a la configuración del sistema, agregar una conexión VPN con los detalles específicos y conectar a la VPN creada. En *Linux,* la configuración se realiza a través de comandos en la terminal: se instalan los paquetes necesarios y se crea una conexión VPN manualmente o importando un archivo de configuración.

El protocolo IPSec ofrece seguridad criptográfica para el tráfico de red, pues facilita la autenticación del origen de los datos, la confidencialidad y la integridad. Es utilizado para crear enlaces virtuales cifrados a través de internet y es frecuente en accesos remotos seguros entre oficinas. Sus características incluyen protección antirrepetición, autenticación del origen de los datos y cifrado de paquetes antes de la transmisión.

TLS, SSL y SSH son protocolos de seguridad que cifran las comunicaciones en línea. TLS y SSL protegen los datos entre navegadores y servidores web, al asegurar transacciones como las realizadas en sitios de comercio electrónico. SSH se usa para la administración remota segura de sistemas, pues permite el acceso remoto y la ejecución segura de comandos. Además, SSH crea túneles cifrados para la transferencia segura de datos.

Las SSL VPN facilitan el acceso remoto seguro a redes corporativas a través de navegadores web estándar, ya que protegen aplicaciones web y escritorios remotos mediante cifrado robusto. Estas VPN han adoptado características avanzadas de seguridad como la autenticación multifactor y la inspección profunda de paquetes para mantener la seguridad del acceso a la red.

Los túneles cifrados aseguran la transmisión de datos mediante técnicas avanzadas de cifrado y así protegen la información en tránsito. Algunos protocolos, como IPsec y SSL/TLS, se utilizan para establecer estos túneles y garantizar de ese modo la confidencialidad y seguridad de las comunicaciones. SSH también emplea túneles cifrados para conexiones seguras en redes inseguras.

Al considerar la implementación de una VPN, es importante evaluar los requisitos específicos del entorno. Las VPN basadas en IPsec ofrecen seguridad robusta, pero son complejas de configurar. Las SSL VPN son fáciles de usar y configurar, aunque pueden tener limitaciones de acceso. Las VPN de acceso remoto con clientes específicos proporcionan control total y alta seguridad, pero requieren *software* cliente y mantenimiento constante. Las soluciones basadas en la nube son escalables y fáciles de mantener, pero dependen del proveedor del servicio y pueden tener costos recurrentes.

Ejercicios de repaso y autoevaluación

1. Defina una **VPN** y explique su importancia en la seguridad de las comunicaciones.

_____

_____

_____

_____

2. Mencione tres funcionalidades principales de una VPN.

_____

_____

_____

_____

3. ¿Qué protocolo ofrece una seguridad robusta en las comunicaciones IP mediante mecanismos avanzados de cifrado y autenticación?

    a. FTP
    b. HTTP
    c. IPSec
    d. POP3

4. Explique el proceso de configuración de una VPN en _Linux_.

_____

_____

_____

_____

_____

_____

_____

5. Describa la función del protocolo SSL en las comunicaciones seguras.

6. ¿Cuál es la diferencia principal entre SSL y SSH en términos de su uso?

7. Mencione dos protocolos utilizados para establecer túneles cifrados y explique su uso.

8. Explique cómo los túneles cifrados protegen la información en tránsito.

9. ¿Cuál de las siguientes opciones no es una ventaja de las SSL VPN?

   a. Acceso desde cualquier lugar
   b. Facilidad de uso
   c. Configuración compleja
   d. Compatibilidad con NAT y *firewalls*

10. Describa tres ventajas de utilizar una VPN basada en IPSec.

_____
_____
_____
_____

11. ¿Qué protocolo se utiliza comúnmente para la administración remota segura de sistemas?

    a. FTP
    b. SSL
    c. SSH
    d. Telnet

12. Describa el proceso de configuración de una VPN en *Windows.*

_____
_____
_____
_____
_____
_____
_____

13. Explique el concepto *autenticación multifactor* y su importancia en las SSL VPN.

_____
_____
_____
_____

14. Mencione dos características avanzadas de seguridad implementadas en las SSL VPN modernas.

_____
_____

15. Compare las ventajas y desventajas de las VPN basadas en IPsec y las SSL VPN.

Bibliografía

Monografías

▌ ÁVILA de Barón, C.: *PKI infraestructura de claves públicas*. McGraw-Hill. Bogotá, 2002.

▌ DORDOIGNE, J.: *Redes informáticas. Nociones fundamentales (8ª edición)*. Recursos informáticos. Cornellà de Llobregat, 2022.

▌ HERNÁNDEZ, L.: *Manual básico de criptología. Introducción a la ciencia del secreto*. Pinolia. Madrid, 2023.

Textos electrónicos, bases de datos y programas informáticos

▌ Algoritmos criptográficos más seguros, de:
<https://keepcoding.io/blog/algoritmos-criptograficos-mas-seguros/>.

▌ Certificado digital: qué es, para qué sirve, beneficios y tipos, de:
<https://www.signaturit.com/es/blog/certificado-digital-que-es/>.

▌ Conceptos básicos del SSL. ¿Qué es una solicitud de firma de certificado (CSR)?, de:
<https://www.globalsign.com/es/blog/what-is-a-certificate-signing-request-csr>.

▌ IPSec. ¿Qué es y cómo funciona?, de:
<https://nordvpn.com/es/blog/protocolo-ipsec/>.

▍No repudio, ¿qué significa en seguridad informática?, de:
<https://www.unir.net/ingenieria/revista/no-repudio-seguridad-informatica/>.

▍PGP vs. GPG. ¿Cuál es la diferencia?, de:
<https://www.goanywhere.com/es/blog/pgp-vs-gpg-cual-es-la-diferencia>.

▍¿Qué es la criptografía y para qué sirve?, de:
<https://www.iebschool.com/blog/que-es-la-criptografia-y-para-que-sirve-finanzas/#:~:text=Resumiendo%3A%20la%20criptograf%C3%ADa%20es%20un,graf%C3%ADa%C2%BB%20significa%20%C2%ABescritura%C2%BB>.

▍¿Qué es la infraestructura de clave pública (PKI)?, de:
<https://www.entrust.com/es/resources/learn/what-is-pki>.

▍¿Qué es PKI? Guía definitiva sobre la infraestructura de clave pública, en:
<https://www.keyfactor.com/es/education-center/what-is-pki/>.

▍¿Qué es una conexión VPN, para qué sirve y qué ventajas tiene?, de: <https://www.xataka.com/basics/que-es-una-conexion-vpn-para-que-sirve-y-que-ventajas-tiene>.

▍¿Qué es una CRL?, de: <https://www.keytos.io/blog/autoridad-de-certificacion/que-es-la-lista-de-revocacion-de-certificados-crl.html>.

▍¿Qué es una firma digital?, de:
<https://academy.binance.com/es/articles/what-is-a-digital-signature>.

▍¿Qué es una VPN? Guía sobre las redes privadas virtuales, de:
<https://www.pandasecurity.com/es/mediacenter/que-es-vpn/>.

▍SSH vs. SSL: ¿Cuál es la diferencia?, de:
<https://kinsta.com/es/base-de-conocimiento/ssh-vs-ssl/#:~:text=La%20diferen-cia%20clave%20entre%20SSH,se%20puede%20hacer%20con%20SSH>.

▍Tipos de algoritmos criptográficos: cifrados de bloque, de:
<https://blog.thedojo.mx/2020/12/03/tipos-de-algoritmos-criptograficos.html>.

▌ Tipos de algoritmos criptográficos: cifrados de flujo, de: <https://blog.thedojo.
mx/2021/12/12/tipos-de-algoritmos-criptograficos-cifrados-de-flujo.html>.